Mieux écrire en français

*Manuel de composition
et guide pratique à l'usage
des étudiants anglophones*

Deuxième édition

Michèle R. Morris

Georgetown University Press, Washington, D.C. 20057

Library of Congress Cataloging-in-Publication Data

Morris, Michele R.
    Mieux écrire en français.

    1. French language--Rhetoric. 2. French language--
Orthography and spelling. 3. French language--Textbooks
for foreign speakers--English. I. Title.
PC2420.M63   1988   808'.0441   88-21287
ISBN 0-87840-225-X (pbk.)

TABLE DES MATIÈRES

iii

0 Préface

La deuxième édition de ce manuel n'est pas seulement, suivant la rubrique traditionnelle «revue et
corrigée», mais profondément modifiée. En effet,
l'accueil bienveillant que plusieurs collègues lui
ont réservé a été accompagné de nombreuses suggestions. A l'usage, ce *guide pratique* s'est révélé
incomplet. C'est pourquoi le présent volume est considérablement augmenté. Nous en avons aussi modifé
l'organisation, pour mieux répondre aux exigences des
cours de composition. Des exercices d'application,
dont beaucoup sont entièrement nouveaux, sont placés
directement à la fin de chaque chapitre. Des exercices supplémentaires figurent à la fin de l'ouvrage.
Il demeure donc à la fois un manuel utilisable dans
les cours de composition destinés à des étudiants
parlant et lisant déjà le français à un niveau au
moins intermédiaire, et un guide de référence et de
travail pour l'apprenant individuel.

Les quatre parties progressent systématiquement des
mots à la phrase, puis au paragraphe et enfin à la
pratique de la rédaction. Dans la première, consacrée
aux mots et aux aspects techniques de l'expression
écrite, on trouvera comme dans la première édition
des règles et des exemples concernant l'orthographe,
la ponctuation, les signes de la langue écrite. Les
points dont il est traité figurent rarement et de
manière souvent incomplètes dans les manuels américains. Les problèmes de genre et de nombre, qui
comptent parmi les plus épineux pour les étudiants
anglophones, sont traités en détail. Les exercices
aideront les apprenants à appliquer eux-mêmes les
règles et retrouver les schémas énoncés.

La seconde partie regroupe les problèmes touchant à
la construction de la phrase : la formation et le
développement du groupe nominal, du groupe verbal,
les relatifs, les prépositions — autre difficulté
majeure pour les anglophones — et l'ordre des mots.
De nouveaux exercices, visant à améliorer l'expression, ont été ajoutés aux exercices de traduction.

Dans la troisième partie on passe de la phrase au paragraphe et c'est alors que les notions de temps, de but, de conséquence, d'hypothèse, de concession sont étudiées. En effet, il ne s'agit pas seulement de subordination à l'intérieur de la phrase, mais aussi d'articulation entre les phrases. On entreprend ainsi l'étude de la structure interne des textes et l'élaboration du plan détaillé. A la demande de plusieurs usagers du premier manuel, nous avons inclus divers modèles et exemples, de genres, de périodes et de styles variés.

La dernière partie traite spécialement de différentes formes d'expression écrite, celles que les étudiants peuvent être le plus facilement amenés à exécuter : les résumés, les lettres et les dissertations. La technique très française du commentaire composé, qui est bien moins souvent utilisée en Amérique, n'est pas étudiée : elle a fait l'objet d'excellents manuels français, qu'on ne saurait prétendre imiter ou supplanter. Professeurs et étudiants trouveront dans un appendice des références utiles. Enfin, bien que la majorité des étudiants ne soient probablement pas appelés à écrire de façon professionnelle, on a jugé utile de leur donner l'occasion de travailler et d'améliorer leur style en étudiant puis en rédigeant divers portraits et narrations descriptives.

Les renvois sont fréquents : nous avons essayé d'encourager les étudiants à se reporter le plus souvent possible à d'autres chapitres ou sections, de façon à mieux ancrer leurs connaissances. De même, les exercices permettent de revenir sur certaines difficultés pour consolider l'acquisition des structures et du vocabulaire. Les listes de difficultés (verbes difficiles à traduire, prépositions, faux-amis) sont organisées de façon à permettre de rapides vérifications. L'expression de divers sentiments et modes de pensée est reprise thématiquement dans la troisième partie. Attirons l'attention du lecteur sur l'appendice 2 qui comprend la liste des faux-amis. Les étudiants trouveront bon de s'y référer souvent. Des exercices d'application s'y rapportant figurent parmi les exercices supplémentaires placés en fin de volume. Dans ceux-ci, comme dans les exercices sur les prépositions, la traduction a été résolument utilisée pour souligner les différences entre le français et l'anglais.

De même que dans la première édition, et à la demande des étudiants, des lignes ont été prévues pour écrire directement les exercices mécaniques et de traduction dans le manuel. Ceux qui sont plus libres et plus développés seront rédigés séparément.

Les professeurs trouveront quelques conseils sur l'utilisation de ce manuel, ainsi que le corrigé des exercices dans le fascicule intitulé *Livret du professeur*, qu'ils pourront obtenir en s'adressant directement à l'éditeur.

La rédaction de cette deuxième édition a été enrichie des aimables commentaires et judicieuses suggestions de nos collègues, en particulier, Simon Battestini, Roger Bensky, Nadine O'Connor et Madeleine Simons, auxquels l'auteur exprime sa vive gratitude. Le P. Richard O'Brien et Lucie Roumet ont assuré le travail ardu de lecture finale du manuscrit ; grâce à leur vigilance, de nombreuses erreurs et coquilles ont pu être évitées. Qu'ils en soient ici chaleureusement remerciés. Enfin, la préparation et la mise en page du manuscrit auraient été impossibles sans la gracieuse assistance de Pamela Kaleugher, qui nous a fidèlement aidée à mener à bien cette tâche. Sa patience méticuleuse, ses connaissances techniques et linguistiques et l'acuité de son jugement ont été précieuses et lui valent notre profonde reconnaissance. Malgré toute l'attention portée au détail, l'auteur est seule responsable des erreurs et omissions que l'on pourrait encore relever dans cet ouvrage.

Il reste à souhaiter que ce volume augmenté rendra plus facile, aux étudiants et à leurs professeurs, l'apprentissage et l'enseignement de l'expression écrite en français.

PREMIÈRE PARTIE : LES MOTS

1 Accents et signes orthographiques

1.1 L'accent aigu (´). L'accent aigu ne se met que sur un *e* quand celui-ci est fermé (pour transcrire le son /e/) et n'est pas suivi d'un *d*, *f*, *r*, *s* ou *z* finals :

fermé, fidélité, arrivée
Mais : *pied, clef, fermer, tes, nez*

En règle générale, le *e* n'est accentué que s'il termine une syllabe :

ver.té.bré
ef.fec.tuer
pié.des.tal

Les verbes formés avec le préfixe *re-* s'écrivent avec un accent aigu sur le *e* du préfixe si le verbe principal commence par une voyelle :

réélire, rééditer, réorganiser
Mais : *redire, refaire*

L'orthographe ne correspond pas toujours à la prononciation courante de certains mots dans lesquels la graphie *é* transcrit le son /ɛ/ :

espérerai, espérerais, etc.
événement
fidélité
préférerai, préférais, etc.

Il faut également remarquer la présence ou l'absence d'accents sur les mots suivants, souvent mal orthographiés :

religion	*irréligion*
religiosité	*irréligiosité*
religieux	*irréligieux*

1.2 L'accent grave (`)

1.2.1 L'accent grave se met le plus souvent sur un *e* ouvert (/ɛ/) quand celui-ci termine la syllabe ou précède un *s* final :

com.plè.te.ment
frè.re
près
ac.cès

Le mot *frère* est typique car il comporte un *e* ouvert dans l'avant-dernière syllabe et une dernière syllabe non accentuée (consonne + *e* muet). Les exemples suivants illustrent ce schéma :

cèpe, lèche, mètre, thèse

Il est important de bien comprendre la syllabation (voir 2.1), car si le *e* ouvert ne termine pas une syllabe, il ne porte pas d'accent grave :

des.crip.tion   *pes.te*
es.pé.rer   *bel.le*
hy.per.ten.sion   *chien.ne*

En règle générale, on ne met jamais d'accent grave sur le *e* qui précède :

1. une double consonne (*ll, mm, nn, rr, ss, tt*) : *demoiselle, jette, messe*
2. un *x* (le *x* équivaut à deux consonnes) : *sexe, expliquer, inexistant*
3. un groupe de consonnes mixtes séparable (*rc, rn, lt, sc*, etc.) : *berce, celte*

Par contre, le *e* qui précède les groupes suivants porte l'accent :

1. un groupe de consonnes formé d'une consonne + une consonne liquide (*l* ou *r*) : *siècle, piètre*
2. un groupe inséparable qui transcrit un seul son (*ch, gn, ph* et *th*) : *règne, mèche*

1.2.2 Les deux autres voyelles qui peuvent porter un accent grave sont *a* et *u* dans les mots suivants :

à (prép.)   *où* (adv.)
au-deçà
au-delà

çà (adv.)
déjà
holà
là (adv.)
voilà

Ces accents permettent de distinguer des homonymes :
a et *à*, *ça* et *çà*, *la* et *là*, *ou* et *où*. Ils sont donc
très importants.

1.2.3 Formes verbales. N'oubliez pas les modifications orthographiques des verbes tels que *geler*, *mener*, *peler* (le e devient è devant une terminaison comprenant un e muet ; *il gèle, je mène, ils pèlent*), ou des verbes tels que *exagérer*, *répéter* (le é se transforme en è dans les mêmes cas : *elle exagère, tu répètes*).

1.2.4 Irrégularités de graphie. Certains mots dérivés s'écrivent avec des accents différents :

Accents aigus :	**Accents graves :**
allégrement	*allègre*
empiéter	*empiètement*
interpréter	*interprète*
régler	*règle*
réglementaire	*règlement*
régner	*règne*

•Remarque : *pèlerin*, *pèlerinage* et *pèlerine* portent un accent grave bien que la prononciation corresponde plutôt à un accent aigu.

1.3 L'accent circonflexe (^). L'accent circonflexe peut se placer sur toutes les voyelles et indique la chute d'une voyelle ou d'une consonne de l'ancienne langue (par exemple, un e dans certains adverbes, ou un *s*, généralement encore présent en anglais pour les mots apparentés) :

âge (anc. fr. *eage*)
château (*castle*)
hôpital (*hospital*)
huître (*oyster*)
tête (anc. fr. *teste*)
vêtement (*vestment*)

1.3.1 Homonymes. De même que l'accent grave, l'accent circonflexe permet de distinguer certains homonymes : *boite* (v.) et *boîte* (n.), *cru* (v. *croire*) et *crû* (v. *croître*), *du* (art.) et *dû* (v. *devoir*), *goutter* (v.) et *goûter* (v.), *haler* (v.) et *hâler* (v.), *jeune* (adj.) et *jeûne* (n.), *mur* (n.) et *mûr* (adj.), *sur* (prép.) et *sûr* (adj.).

•Les participes passés de *croître*, *devoir* et *mouvoir* (*crû*, *dû*, *mû*) ne portent le circonflexe qu'au masculin singulier.

Il est important de bien observer la distinction entre les adjectifs et les pronoms possessifs : *notre voisin* (adj.), *le nôtre* (pron.).

1.3.2 Formes verbales. L'accent circonflexe figure dans les formes de certains verbes en *-aître* et *-oître* quand le *i* est suivi d'un *t*. Ainsi *croître*, *connaître*, *paraître*, etc. L'accent circonflexe est également présent à toutes les formes de *fraîchir* et de *traîner*.

Il faut bien distinguer aussi les formes du passé simple de l'indicatif de celles de l'imparfait du subjonctif ; à la 3e personne du singulier, on a :

Passé simple :	Imparf. du subj. :
descendit	*descendît*
eut	*eût*
vint	*vînt*
vit	*vît*

Seule la 3e personne du singulier porte l'accent circonflexe à l'imparfait du subjonctif, alors qu'au passé simple les 1ère et 2e personnes du pluriel exigent l'accent circonflexe sur l'avant-dernière voyelle :

nous regardâmes	*nous partîmes*
vous fûtes	*vous fîtes*

•Faites particulièrement attention aux verbes *dire* et *être*. Distinguez bien *vous dites* (présent de l'indicatif) de *vous dîtes* (passé simple). N'oubliez pas le circonflexe sur *vous êtes*.

1.3.3 Adverbes. Seuls quelques adverbes terminés en *-ument* prennent un accent circonflexe. Les plus courants sont :

assidûment, *continûment*, *crûment*, *dûment*, *gaîment*

Les autres adverbes comme *absolument*, *résolument*, etc. n'ont pas d'accent.

1.3.4 Mots souvent mal orthographiés. N'oubliez pas l'accent circonflexe dans les mots suivants :

sur le *a* de : *âge, âme, âtre, bâtir, câble, flâner, plâtre* (et tous les adjectifs terminés en *-âtre* ; voir 5.1.12)

sur le *e* de : *blême, extrême, suprême*

sur le *i* de : *abîme* et ses dérivés, *aîné, chaîne, fraîche* et ses dérivés, *gîte, île* et ses composés, *(en)traîner, traître*

sur le *o* de : *arôme, bientôt, fantôme, icône, plutôt, tôt*

sur le *u* de : *bûche, flûte, goût* et ses dérivés, *piqûre, soûl* et ses dérivés

Par contre, on écrit sans accent circonflexe les mots suivants :

a sans circonflexe : *bateau, chalet, pédiatre, psychiatre*

e sans circonflexe : *crèche, emblème, poète, poème*

i sans circonflexe : *chapitre, cime, drainer, gaine*

o sans circonflexe : *atome, coteau, cyclone, gnome, idiome*

u sans circonflexe : *chute, égout*

1.3.5 Irrégularités de graphie. Cependant, certains mots qui sont ou semblent apparentés à ceux qui portent un accent circonflexe s'écrivent sans accent, notamment :

arôme	*aromate, aromatique, aromatiser*
arrêt, arrêter	*arrestation*
cône	*conifère, conique*
côte, côté, côtoyer	*coteau*
diplôme, diplômé	*diplomate, diplomatie, diplomatique*
*drôle**	*drolatique*
*extrême**	*extrémité, extrémiste*
fantôme	*fantomatique*
fût	*futaie*
grâce	*gracieux, gracier*
disgrâce	*disgracieux*
*infâme**	*infamie*
jeûner	*déjeuner*
pôle	*polaire, polariser*
râteau	*ratisser*

suprême*   suprématie
sûr*, sûreté   assuré, assurance,
                                           assurément
tâter   tatillon,
                                           tatillonner

*Les adverbes formés sur ces adjectifs portent
aussi l'accent circonflexe.

1.4 Le tréma (¨). Le tréma est placé sur les
voyelles *e*, *i*, *u* pour indiquer qu'elles doivent se
prononcer séparément de celle(s) qui les accom-
pagne(nt) :

Haïti, Moïse, naïf, Saül

Le tréma sur *Noël* doit s'écrire, bien qu'il soit
inutile, puisque *o* et *e* écrits séparément ne se pro-
noncent jamais ensemble.

Il se place toujours sur la deuxième voyelle ou sur
un *i* intervocalique (*païen, glaïeul*).

•Les formes suivantes du féminin gardent le même
son /gy/ : *aigu, aiguë ; ambigu, ambiguë* (le *ë* n'est
pas prononcé). Ecrit sans le tréma, *ambigue* serait
prononcé /ãbig/.

•Remarquer les noms propres suivants, où le *ë* n'est
pas prononcé :

Mme de Staël, Saint-Saëns

Distinguer *oui* (1 syllabe) et *ouï* (2 syllabes),
inouï (du verbe *ouïr*).

•Attention au verbe *haïr* : *je hais, tu hais, il
hait, nous haïssons, vous haïssez, ils haïssent*.
(part. passé, *haï* ; les autres formes s'écrivent avec
ï). Cependant : *la haine, haineux*

1.5 La cédille (ç). La cédille se place seulement
sous le *c* devant *a, o, u* pour indiquer que le *c* est
prononcé /s/ :

façade, leçon, reçu

•Attention aux formes de certains verbes écrites
avec ou sans cédille (suivant les terminaisons) :

recevoir : je reçois, nous recevons
concevoir : tu conçois, vous concevez
avancer : elle avançait, nous avancions

•Ne pas confondre *vécu* et *reçu*.

EXERCICES D'APPLICATION

Exercice 1 Accent aigu (1.1). Ajoutez les accents nécessaires (*e* fermé) aux mots suivants. Attention : tous les mots ne portent pas d'accent!

enchante _____ achetez _____

panier _____ edition _____

heros _____ stereotype _____

reverence _____ desespoir _____

creuser _____ serieux _____

religiosite _____ bouchee _____

propriete _____ interieur _____

erudite _____ declarer _____

agreable _____ reserve _____

consideration _____ necessite _____

Exercice 2 Accent grave (1.2). Ajoutez les accents nécessaires (*e* ouvert) aux mots suivants. Attention : tous les mots ne portent pas d'accent!

remede _____ proces _____

estimer _____ entierement _____

incertitude _____ lexique _____

esprit _____ internat _____

lepre _____ quelque _____

systeme _____ caractere _____

suggestion _____ derniere _____

belge _____ guere _____

repere _____ maternel _____

direct _____ exigeant _____

Exercice 3 Accent circonflexe (1.3). Ecrivez les adverbes qui correspondent aux adjectifs suivants.

1. sûr   _____

2. extrême _____

3. résolu _____

4. drôle   _____

5. absolu _____

Exercice 4 Accents et signes (1.3 à 1.5). Dans les phrases suivantes, mettez tous les accents et signes convenables.

1. Il a regle les depenses necessaires a cette entreprise extraordinaire.

_____

_____

_____

2. C'est au dix-neuvieme siecle que les ecrivains ont quelquefois ete estimes pour leurs exces.

_____

_____

_____

3. Voila bien longtemps qu'elle faisait attention a ce qu'on ne remarquat pas qu'elle devenait sourde, car elle ne voulait pas qu'on lui fit prendre sa retraite.

_____

_____

----

4. Pierre, est-ce que vous etes sur de pouvoir aller jusqu'a l'extremite de la presqu'ile sans refaire le plein d'essence? Il faudra voir ca.

----

5. Je ne peux pas vous empecher de partir deja, mais je regrette ce depart precipite et, a mon avis, inexcusable ; de toute facon, vous auriez du mieux vous arranger au prealable.

----

6. Je n'avancais pas vite dans mes travaux, mais je profitais toujours des vacances de Noel, de Paques et de Pentecote pour me remettre a jour et essayer de terminer un ou deux chapitres.

----

7. Si Moise avait ete paien, il n'aurait pas cru en Jehovah.

----

8. Elle est nee au chateau d'Angers a la fin du quatorzieme siecle de notre ere, mais elle n'etait pas francaise.

----

9. On l'a exempte de plusieurs responsabilites de direction pendant quelques semaines pour qu'il puisse assister a deux congres particulierement interessants a Geneve.

----

10. Ils se disperserent ca et la, et personne ne put les retrouver! Croyez-vous ca? C'est inoui!

----

2 Comment couper les mots à la fin d'une ligne

2.1 Syllabation. Les syllabes se déterminent différémment en anglais et en français. Comparez :

Anglais :
in.di.vid.u.al
dec.o.ra.tion
ter.ri.to.ri.al
dif.fer.ent

Français :
in.di.vi.duel
dé.co.ra.tion
ter.ri.to.rial
dif.fé.rent

A l'intérieur d'un mot, une syllabe commence généralement par une consonne. Les terminaisons qui contiennent un -e muet constituent aussi une syllabe en français :

con.tien.nent
syl.la.bes

hor.lo.ge
fonc.tion.nel.le

Finalement, une syllabe initiale peut comporter une voyelle seule :

é.té

A.ma.zo.ne

2.2 Comment couper les mots à la fin d'une ligne. En règle générale, on ne peut couper les mots à la fin d'une ligne qu'entre les syllabes. Ainsi :

mai- son
re- mar- que

rè- gle
in- di- vi- duel

Avec deux consonnes identiques, on coupe entre les deux :

col- labore

conseil- ler

Quand on a trois ou plusieurs consonnes successives, on peut couper le mot entre les syllabes ; toutefois, on ne peut pas séparer les groupes suivants (groupes inséparables) : *bl, cl, fl, gl, pl, br, cr, fr, gr, pr, tr, vr, ch, ph, gn,* et *th.*

11

  en- sem- blier   *nom- breux*
  souf- frir   *ren- fro- gné*

Si le mot comporte un préfixe, on coupe après ce pré-fixe :

  in- frac- tion   *pro- scrit*

Sauf si on sépare le préfixe, on ne coupe pas un mot entre deux voyelles, même si elles sont prononcées séparément :

  dé- voué   *lyon- nais*
  of- fi- cieux   *ré- élec- tion*

On ne coupe un mot ni avant ni après *x* ou *y* placés entre deux voyelles :

  exa- men (seule coupure possible)
  re- voyons (seule coupure possible)

On ne coupe pas un mot après une seule voyelle, et on évite de rejeter une syllabe non accentuée à la ligne suivante :

  un étu- diant   *pré- fi- gure*
  lyon- naise   *une uni- versité*
  of- fi- cieuse

On évite également de couper un mot en laissant une apostrophe à la fin d'une ligne :

  c'é- tait   *l'al- lemand*

(On évite ainsi *c'-...*, *l'-...*)

EXERCICE D'APPLICATION

Exercice 1 Syllabation (2.1). Indiquez par des traits verticaux (/) les coupures possibles pour les mots suivants :

o u v r a g e   m e n t i o n n e r

e x c e p t i o n n e l   i n t é r e s s e r

s e c r é t a r i a t   e x p a n s i o n

préparation

baccalauréat

éventuellement

psychiatrie

contribuables

investissement

poème

américanisme

vieillissante

paiement

condoléances

traductrice

oignon

succès

inimaginable

ouverture

marseillais

milliard

voltigeur

inépuisable

avenir

existence

3 Majuscules et minuscules

3.0 Introduction. Comme en anglais, le premier mot d'une phrase ou d'un vers doit s'écrire avec une majuscule. On met aussi une majuscule après les points d'exclamation (!) et d'interrogation (?) s'il s'agit d'une nouvelle phrase :

> *Que reste-t-il? L'ironie.* (Maurice Blanchot)
> *Oh, monsieur! quelle nuit que celle qui précéda! Je ne me couchai point ; j'étais assis sur mon lit [...].* (Diderot)
> *Pourquoi le portrait n'était-il pas réussi? La tête était-elle trop grosse? le corps trop penché? les couleurs trop ternes?* (Jean Forton)

Les noms propres (de personne, de lieu, etc.) s'écrivent avec une majuscule comme en anglais :

> *Connaissez-vous Colette, la romancière française née en 1873 à Saint-Sauveur-en-Puisaye, dans l'Yonne?*

Mais quelques différences existent entre le français et l'anglais dans l'usage des majuscules ; elles sont expliquées ci-après.

3.1 Nationalité et religion. Les adjectifs de nationalité et de religion s'écrivent avec une minuscule en français, mais les noms désignant des groupes ou des peuples s'écrivent avec une majuscule :

> *Mon amie est anglaise et son mari est portugais.*
> *L'envoyé présidentiel américain a rencontré le ministre israélien qui lui a déclaré que les Français seraient d'accord pour que le contingent français aide l'armée libanaise.*
> *La police a arrêté au moins trente jeunes Arabes mardi.*
> *Deux articles de la revue des jésuites de Rome disent que l'Italie repose sur trois cultures :*

14

laïque, marxiste et catholique.
Les Juifs ont été persécutés dans tous les pays.

Les noms qui désignent les langues ne s'écrivent pas avec une majuscule :

Il apprend le russe et le chinois et il s'exprime très bien en espagnol.

3.2 Désignations géographiques. Si l'adjectif est incorporé au nom, les deux prennent une majuscule :

les Etats-Unis et les Pays-Bas
le Royaume-Uni
la Grande-Bretagne
le Proche-Orient
les Alpes-Maritimes
la Nouvelle-Calédonie

Mais observez l'absence de majuscules dans les expressions suivantes, où les adjectifs ne sont pas incorporés aux noms :

Elle est allée en Union soviétique, puis au Sahara occidental et dans la République arabe unie, enfin en Allemagne fédérale.

Si un nom composé comporte une préposition, celle-ci ne s'écrit pas avec une majuscule :

Port-au-Prince
Aix-en-Provence

Les points cardinaux sont généralement écrits avec une minuscule, sauf si on désigne toute une région :

Nous habitons au nord-est de Beauvais, dans le Nord.

Les points cardinaux servant à distinguer différents pays prennent aussi une majuscule :

l'Europe de l'Est
l'Afrique du Nord
la Corée du Sud

Les noms *mer, océan, lac, mont,* etc. s'écrivent avec une minuscule :

la mer Méditerranée, l'océan Pacifique, le lac Majeur, le mont Blanc, l'île de la Réunion, le golfe Persique

Mais l'adjectif déterminatif employé seul pc
signer un lieu géographique s'écrit avec une
cule :

l'Atlantique
les Rocheuses

3.3 Adresses. Les noms *rue, avenue, bouleva*
place, etc. s'écrivent généralement avec une minu
cule, surtout dans une adresse complète :

50, rue Jacob
9, passage de la Boule-Verte
14, place Clichy
3 bis, avenue de l'Observatoire

On trouve parfois la majuscule dans une expression
comme :

Venez tous Boulevard des Italiens ce dimanche soir!

3.4 Dates, fêtes. Les noms désignant les jours, les
mois et les saisons s'écrivent avec une minuscule:

Exposition ouverte du dimanche 3 au vendredi 8
    février.
Venez en été, car je travaille le samedi, sauf en
    juillet et en août.

Les noms de fêtes s'écrivent avec une majuscule,
mais non les dates :

Pâques, l'Assomption, la Toussaint, le 14 juillet

**3.5 Termes de politesse, désignations et titres de
personnes.** Sauf dans les abréviations, les titres ou
les fonctions s'écrivent généralement avec des minus-
cules dans un contexte narratif ou descriptif :

Claudette Bois, maire de la Baule, est devenue mi-
    nistre de la santé.
Le roi Henri IV a été assassiné.
Le général de Gaulle a rencontré l'ambassadeur de
    France.
Le père Pons vient d'arriver.

Mais dans les abréviations on écrit :

M. Méry et Mme Lepic
le Dr Praud
le P. Poirier

Quand on s'adresse directement à une personne (dans un dialogue, une lettre) on utilise la majuscule :

Bonjour, cher Monsieur.
Au revoir, Monsieur le Président.
Monsieur le Ministre
Madame la Directrice

Mais pour rapporter des paroles dans une narration, les abréviations suivantes s'utilisent (cf. 4.1.1) :

M. l'inspecteur Clouzot
Mme la Présidente

Saint et *sainte* s'écrivent avec une minuscule, sauf dans un nom de lieu ou une date anniversaire :

Voici une belle statue de sainte Thérèse.
C'est dans l'évangile selon saint Matthieu.
Nous habitions alors rue Saint-Vincent.
C'était la veille de la Saint-Jean.

3.6 Titres de rapports, d'ouvrages, de revues, de journaux. Pour les titres de devoirs, d'ouvrages, de rapports, on écrit le premier mot avec une majuscule ; si le second mot est un nom, il porte également la majuscule ; si ce nom est précédé d'un adjectif, celui-ci porte aussi la majuscule ; si le titre commence par un mot autre qu'un nom ou un adjectif, tous les mots suivants s'écrivent avec une minuscule (mais l'usage varie quelque peu, et on trouve aussi le premier nom écrit avec une majuscule) :

Réflexions sur la peine capitale
Voyage au bout de la nuit
L'Esprit des lois
Le Grand Espoir du XXe siècle
Un Homme heureux
A l'ombre des jeunes filles en fleur
De l'Universalité de la langue française

Pour les titres de journaux et de revues, en général les mots principaux seulement s'écrivent avec une majuscule. Il faut cependant observer la typographie des titres individuels :

La Revue des Deux-Mondes
Les Temps Modernes
Le Monde

Mais : *Les Nouvelles littéraires*
Revue d'Histoire littéraire de la France

•Sur les majuscules, les accents sont facultatifs.

3.7 Désignations d'organisations, de sociétés, de corps constitués, d'événements. Bien que l'usage varie quelque peu, en général on écrit seulement les mots principaux avec une majuscule ; les adjectifs prennent souvent une minuscule :

l'Académie française
l'Assemblée nationale
la Compagnie maritime d'expertise
la Fronde parlementaire
la Révolution française
le Bureau international du travail
l'Eglise anglicane
la Première Guerre mondiale
le Centre national de la recherche scientifique
Mais : *l'Ecole Pratique des Hautes Etudes*

Si le nom d'une société inclut un nom propre, seul le nom propre porte la majuscule :

l'académie Goncourt
l'institut Pasteur

3.7.1 Sigles. Les sigles s'écrivent entièrement en majuscules :

le CREDIF
l'ORTF ou *l'O.R.T.F.*
le C.N.R.S.

(Pour les points, voir 4.1.2.)

EXERCICES D'APPLICATION

Exercice 1 Majuscules (3). Ecrivez les phrases suivantes en ajoutant les majuscules nécessaires.

1. ils sont arrivés juste avant noël et repartiront le 2 janvier.

----

2. cette année ces fêtes tombent un mardi, de sorte
que tout le monde fera le pont du samedi au mercredi.
nous ferons un réveillon à la saint-sylvestre.

----

3. en février 1972, le président nixon décida de
laisser flotter le dollar, ce qui provoqua un manque
à gagner pour la compagnie générale transatlantique,
propriétaire du paquebot «france».

----

4. le zambèze est un fleuve de l'afrique australe,
qui se jette dans le canal de mozambique, après un
cours semé de rapides et de chutes, dont les plus cé-
lèbres sont les chutes victoria.

----

5. le premier ministre, accompagné de m. jean mat-
téoli, ministre du travail, et de m. michel crépeau,
maire de la rochelle, a visité les installations por-
tuaires des grandes villes de l'ouest.

Exercice 2 Analysez et expliquez l'usage des
majuscules dans les textes qui figurent au chapitre
20, Exercices 2 et 4.

4 Ponctuation et signes

4.0 Introduction. L'usage des signes de ponctuation est relativement semblable en français et en anglais : point (.) à la fin d'une phrase ; point-virgule (;) entre les propositions coordonnées ou indépendantes et entre les termes d'une énumération ; virgule (,) après une proposition identique si la deuxième complète la première et virgules entourant les appositions et propositions intercalées, etc. Il existe cependant quelques différences à souligner :

4.1 Le point (.)

4.1.1 Abréviations. Dans les abréviations on met en général un point après chaque mot ou chaque terme abrégés :

adj., av. J.-C., chap., éd., la C.G.T., la C.I.A., le P.S., la S.A.R.L., n., les U.S.A., l'U.R.S.S.

Remarquez cependant les variations dans les abréviations de titres :

Avec point :	Sans point :
S. Exc. (Son Excellence)	*Mme (Madame)*
S.M. (Sa Majesté)	*Mlle (Mademoiselle)*
LL.MM. (Leurs Majestés)	*le Dr Santé*
S. Em. (Son Eminence)	*Me Puillot (Maître)*
Mgr Grente (Monseigneur)	
le P. Pradines (Père)	
S.S. (Sa Sainteté)	
SS. (Saints)	
le R.P. Martin (Révérend Père)	
MM. Plon (Messieurs)	
M. Drouet (Monsieur)	

4.1.2 Dans certains sigles devenus très courants, on supprime les points :

l'ONU (Organisation des Nations Unies)
l'IFOP (l'Institut français d'opinion publique)

la ZUP (zone d'urbanisation prioritaire)
le SIDA (syndrome d'immunité déficitaire acquis)

4.1.3 Actuellement, dans les notations chiffrées sauf pour les dates, le point qui signalait traditionnellement les mille est dorénavant omis :

3.452 ou plus souvent *3 452*
1.087.615 ou plus souvent *1 087 615*

4.1.4 Pour les dates, on écrit généralement les quatre chiffres à la suite, sans espace après le mille :

1715, 1789, 1983

4.1.5 On met des points entre les chiffres pour indiquer les numéros de téléphone (mais on trouve également des traits d'union) :

347.21.32
256.25.19
22-34-65

4.2 La virgule (,)

4.2.1 Dans une énumération on ne met généralement pas de virgule avant le dernier terme s'il est précédé d'une conjonction de coordination (*et, ou*) à l'exception de *ni* :

Le père, la mère, les enfants et les grands-parents
   arrivent.
Ils viendront lundi, mardi ou mercredi.
Ni les étudiants, ni leurs professeurs, ni les ad-
   ministrateurs ne sont en grève.

Toutefois, si deux termes seulement sont séparés par une conjonction (y compris *ni*), on n'utilise pas de virgule.
Si l'on a une série de sujets équivalents, il arrive de séparer le dernier sujet du verbe par une virgule, surtout dans une énumération, si un sujet collectif est suivi de plusieurs sujets explicatifs, ou si les sujets sont qualifiés par des compléments :

L'enfance, l'adolescence, la jeunesse, la maturité,
   la vieillesse, sont les étapes de la vie.
Les Européens, Français, Anglais, Allemands, Espa-
   gnols, ont des souvenirs cuisants des derniers
   conflits internationaux.

Les titulaires du baccalauréat, les étudiants étrangers à titres équivalents reconnus, et les étudiants ayant satisfait les conditions spéciales, seront admis.

4.2.2 Les dates s'écrivent sans virgule avant l'année :

Le 1er octobre 1952
Elle est née le 14 janvier 1934.

Dans l'en-tête d'une lettre, la virgule figure généralement après la ville d'origine :

Paris, le 5 juillet 1981

4.2.3 Dans les notations chiffrées la virgule (et non le point) précède la ou les décimales :

1,5   31,75   9 078,35

Bien entendu, on ne peut pas omettre la virgule avant les décimales.

4.2.4 Dans les adresses on met une virgule après le numéro de la maison :

3, rue Jacob
125, boulevard Gambetta

4.2.5 A l'inverse de l'anglais, on ne met pas de virgule avant un nom propre mis en apposition :

Le poète français Lamartine est né à Mâcon.

Cependant, l'apposition explicative qui suit le nom propre est traitée comme toutes les propositions incises, et entourée de virgules :

Lamartine, poète français, est né à Mâcon.

4.2.6 Pour commencer une lettre, on place une virgule (et non deux points) après la salutation :

Monsieur le Directeur,
Chère Madame,

A la fin d'une lettre, seules les formules brèves sont suivies d'une virgule, les autres (qui sont des phrases complètes) sont suivies d'un point :

Bien à toi,
Affectueusement à vous,
Votre neveu,

Mais : *Je vous prie d'agréer, Monsieur le Doyen,*
l'expression de mes sentiments les plus respec-
tueux.

(Voir au chapitre 21 des exemples plus précis d'en-
tête et de salutations finales.)

4.2.7 Avec les gallicismes et expressions empha-
tiques, on utilise généralement une virgule pour
séparer les propositions (segmentation) :

Ce qui m'intéresse, c'est de visiter tous les monu-
ments.
Moi, je ne saurais vous le dire.
Le lendemain, c'était fini.

Dans ce dernier exemple, l'emphase provient de l'inversion. On écrirait la phrase sans emphase de la
façon suivante :

C'était fini le lendemain.

Toutefois, on omet la virgule si la phrase est très
brève ou si *c'est ... que/qui* est placé au début de
la phrase :

Le retardataire c'est toi.
C'est la boulangère qui a perdu son chat.

4.2.8 Une ponctuation insuffisante introduit des
équivoques dans un texte. Comparer les deux versions
du texte suivant :

Mal ponctué : *Née bourgeoise, championne de nata-*
tion excellente, chanteuse de styles classique et
moderne, elle a connu tous les avantages de la
réussite du moins suivant les critères consacrés
avant d'atteindre la trentaine.

Bien ponctué : *Née bourgeoise, championne de nata-*
tion, excellente chanteuse de styles classique et
moderne, elle a connu tous les avantages de la
réussite, du moins suivant les critères consa-
crés, avant d'atteindre la trentaine.

Les virgules séparent les appositions au sujet, ainsi que la proposition incise *du moins suivant les critères consacrés* (qu'on pourrait supprimer sans modifier appréciablement le sens principal de la phrase).

4.3 Les guillemets (« ») et les tirets (—)

4.3.1 Les guillemets s'utilisent, comme en anglais, pour citer un ou plusieurs mots, même des phrases entières. Les guillemets simples ('...') ne se trouvent pratiquement jamais en français. Pour citer les paroles de quelqu'un à l'intérieur d'une citation, on utilise les guillemets ordinaires.

4.3.2 En français les guillemets entourent une citation exacte, y compris la ponctuation originale : les virgules, points-virgules, etc. ne sont inclus à l'intérieur des guillemets que s'ils figurent dans la citation.

La France, «fille aînée de l'Eglise», a été au cours des siècles passés un pays de foi.
C'est sans doute ce qu'on appelle «la part du rêve».
François Nourrissier s'engage plus avant quand il écrit : «Entre un homme et sa ville, c'est le mariage.»

Le point est inclus dans la citation de la dernière phrase, car il termine effectivement la phrase citée. Par contre dans les deux phrases précédentes, les expressions entre guillemets ne comportent ni virgule ni point. Ces signes de ponctuation suivent donc les guillemets puisqu'ils appartiennent à la phrase principale.

4.3.3 Dialogues. Pour écrire un dialogue, on utilise une disposition typographique souvent quelque peu différente en français et en anglais.
Quand le dialogue est assez long, on ouvre les guillemets au début, on passe à la ligne et en retrait pour citer les paroles de chaque interlocuteur en les faisant précéder d'un tiret, et on ne ferme les guillemets qu'à la fin du dialogue (exemple 1). Si le dialogue est plus bref, on l'intègre au texte, en respectant les guillemets au début et à la fin seulement, en séparant les paroles des interlocuteurs par un tiret, mais sans passer à la ligne (exemple 2).

/ Les mots

On trouve également des dialogues cités entièrement sans guillemets, dans lesquels les paroles prononcées sont placées en retrait et précédées seulement d'un tiret (exemple 3). Cette pratique est devenue fréquente.

Exemple (1) :
«Comment? Tu es rentré à cinq heures dix? Alors, maintenant, il te faut une heure dix pour rentrer du collège? [...] Mais, par exemple, tu me diras ce que tu as fait!
— Je ne sais pas, murmura Antoine.
— Tu ne sais pas? Eh bien, moi, il me faut un quart d'heure pour me rendre à mon bureau et, quand je mets vingt minutes, je sais ce que j'ai fait. Où as-tu été traîner?
— Je suis revenu par la rue de l'Herbe-Sèche, la rue d'Arbois et l'avenue Poincaré, comme tous les jours.
— Alors, qu'est-ce que tu as fait? J'entends savoir ce que tu as fait!»
(Marcel Aymé, *Le Passe-Muraille*)

Exemple (2) :
J'entrai chez Ellénore, tout occupé de ces réflexions. Je la trouvai seule. «Je reste encore six mois, lui dis-je. — Vous m'annoncez cette nouvelle bien sèchement. — C'est que je crains beaucoup, je l'avoue, les conséquences de ce retard pour l'un et pour l'autre. — Il me semble que, pour vous du moins, elles ne sauraient être bien fâcheuses. — Vous savez fort bien, Ellénore, que ce n'est jamais de moi que je me m'occupe le plus. — Ce n'est guère non plus du bonheur des autres.»
(Benjamin Constant, *Adolphe*)

Exemple (3) :
— Pourquoi m'avoir parlé avec cette colère? dit une voix derrière lui. Pour moi aussi, ce spectacle était insupportable.
Rieux se retourna vers Paneloux:
— C'est vrai, dit-il. Pardonnez-moi. Mais la fatigue est une folie. Et il y a des heures dans cette ville où je ne sens plus que ma révolte.
— Je comprends, murmura Paneloux. Cela est révoltant parce que cela passe notre mesure. Mais peut-être devons-nous aimer ce que nous ne pouvons pas comprendre. (Albert Camus, *La Peste*)

•Remarque : On fait toujours l'inversion du sujet avec les verbes déclaratifs dans un dialogue (*murmura Antoine, dit une voix derrière lui*) alors qu'on ne la fait pas en anglais ; en fait, c'est le seul cas d'inversion directe du sujet quand celui-ci est un nom. (Attention de bien le distinguer de la forme interrogative qui serait : *Antoine murmura-t-il?*)

4.3.4 Les tirets s'utilisent aussi comme en anglais autour d'une expression ou d'une proposition incise accessoire, comme les parenthèses.

> *Elle est assise tout près de la fenêtre d'où elle peut observer — est-ce étonnant? — des enfants jouant dans la cour.*

4.4 Le trait d'union (-)

4.4.1 Le trait d'union s'emploie tout d'abord dans les inversions directes du sujet entre le verbe et le pronom sujet et avant et après le *t* ajouté par euphonie :

> *a-t-il?*   *disent-ils?*
> *est-ce?*   *font-elles?*
> *y a-t-il?*

Observez l'absence de trait d'union après le pronom *y* dans le dernier exemple ; le pronom objet est lié au verbe par un trait d'union seulement quand il suit le verbe :

> *dites-moi, faites-le vite*
> Mais : *vous me dites, vous le faites*

4.4.2 Le trait d'union relie deux ou plusieurs termes d'un mot composé, nom commun ou nom propre. L'usage est parfois différent de l'anglais :

> *Jésus-Christ*
> *Barbe-bleu*
> *les Beaux-Arts*

4.4.3 Les noms de lieu composés s'écrivent avec des traits d'union :

> *Vaux-le-Vicomte*
> *Saint-Laurent-du-Var*
> *Châlons-sur-Marne*
> *les Champs-Elysées*
> *boulevard Edgar-Quinet*

Cependant, l'article défini (*le*, *la*, *les*), n'est pas suivi du trait d'union quand il est le premier mot d'un nom de lieu :

Le Mans   *Le Lude*
La Haye-Descartes   *Las Vegas*

4.4.4 «Même» et «demi». Le trait d'union relie l'adjectif *même* et le pronom qui le précède :

vous-même
lui-même

Cependant, on écrit *le professeur même* sans trait d'union.

Le trait d'union relie le nom et l'adjectif *demi* quand *demi* précède le nom (voir 8.1.2) :

une demi-heure
un demi-poulet

Mais on écrit *une heure et demie* sans trait d'union.

4.4.5 Chiffres. On met le trait d'union entre les chiffres indiquant les dizaines et les unités, sauf quand *et* les sépare :

dix-sept, trente-six, soixante-quatre
quarante et un

De même on écrit avec des traits d'union :

soixante-dix
quatre-vingts
quatre-vingt-dix

Mais les chiffres désignant les centaines, les milliers et les nombres supérieurs s'écrivent sans trait d'union :

neuf mille trois cent cinquante-deux

4.4.6 «Ci», «là». Le trait d'union accompagne *ci* et *là* placés avant ou après un autre mot :

celui-ci
cette leçon-là
ci-après
là-dessus

4.5 L'apostrophe ('). L'apostrophe indique une voyelle élidée.

4.5.1 Nécessité de l'élision. Pour éviter un hiatus (rencontre de deux voyelles) on supprime souvent la voyelle finale d'un article, d'un pronom ou d'un mot de liaison devant un mot commençant par une voyelle ou un *h* muet. Il s'agit d'une élision. La voyelle élidée est remplacée par une apostrophe.

4.5.2 Cas d'élision. Les voyelles élidées sont: *e* (la plus fréquente), *a* (seulement dans le cas de *la*, article ou pronom), et *i* (seulement dans *si*, devant *il* ou *ils*, mais non devant *elle*). On élide le *e* dans les mots suivants : *je, me, te, se, le, ne, de, ce, que.*

l'université   *l'homme*
il m'aime   *ils s'usent*
n'importe   *d'ici*

On élide aussi le *e* final de *lorsque, quoique* et *puisque* devant *il(s), elle(s), en, on, un* et *une* :

lorsqu'on, puisqu'elle, quoiqu'ils
Mais : *lorsque André, puisque Emilie, quoique anglais*

Le *e* de *quelque* ne s'élide que devant *un* ou *une* : *quelqu'un.* (Attention : au pluriel on a les formes *quelques-uns, quelques-unes.*)
Le *e* de *presque* ne s'élide que dans le nom *presqu'île.*
Le *e* de *jusque* s'élide toujours devant les prépositions, contractions ou adverbes qui commencent par une voyelle : *jusqu'ici, jusqu'au bout, jusqu'en septembre, jusqu'au soir, jusqu'en haut, jusqu'à elle.* Cependant, *jusque* reste inchangé devant les prépositions et adverbes qui commencent par une consonne : *jusque chez lui, jusque dans la rue, jusque-là.*

•Devant *aujourd'hui, demain, hier, maintenant, tantôt,* on utilise généralement *jusqu'à.*

Le *e* de *grande* s'élide dans certains noms composés comme :

grand-mère   *grand-tante*
grand-maman   *grand-duc*

> grand-messe   grand-rue
> grand-route   grand-chose
> à grand-peine

Observez que dans les noms précédents on utilise le trait d'union et non l'apostrophe (orthographe vieillie).

•Attention : *le* et *la* deviennent *l'* même s'ils sont utilisés comme pronoms, mais ils ne se contractent pas avec *à* et *de* comme les articles. Ils restent cependant *le* et *la* en position tonique :

> *Il faut penser à le prévenir.*
> *Je l'invite?*
> *Invite-le aujourd'hui et invite-la demain.*

Pour les noms propres on suit en général les mêmes règles (phonétiques) que pour les noms communs :

> *l'oncle d'Andrée*
> *les livres d'Henry*

4.5.3 Exceptions. Il faut remarquer certaines exceptions. Il n'y a pas d'élision avec certains chiffres (*un, huit, onze*) ou avec les nombres ordinaux correspondants :

> *Il est parti le onze.*
> *C'est le huitième service.*
> *les enfants de un à dix ans*
> *C'est la onzième rue.*

Il n'y a pas d'élision non plus avec la plupart des noms commençant par un *y* ou le son /j/. Le seul nom courant qui fasse l'élision (et la liaison) est *yeux* :

> *Je préfère le yaourt.*
> *Voilà le yoyo de ma soeur.*
> *C'est l'accord de Yalta.*
> *une pièce de Ionesco*
> *Il n'y avait plus d'yeux ouverts dans la salle.*

Mais : *l'Yonne, les habitants d'Yonville*

Sauf en français familier, on n'a pas d'élision avec *oui* :

> *Je vous ai dit que oui.*

4.5.4 Titres d'ouvrages. Dans les titres, l'élision est facultative ; on peut écrire :

> *l'auteur de <u>A rebours</u>* ou *l'auteur d'<u>A rebours</u>*
> *un article de <u>Autrement</u>* ou *un article d'<u>Autrement</u>*
> *Il n'a lu que <u>Une Mort très douce</u>* ou *Il n'a lu qu'<u>Une Mort très douce</u>*

Avec des signes de ponctuation nécessaires, la voyelle normalement élidée est rétablie :

> *Je vous déclare qu'il faut agir.*
> Mais : *Je vous déclare que, à l'heure qu'il est, il faut agir.*

EXERCICES D'APPLICATION

Exercice 1 Le trait d'union (4.4)

A. Ecrivez les nombres suivants en toutes lettres.

1. 29 _____

2. 341 _____

3. 99 _____

4. 7 203 _____

5. 5 058 216 _____

_____

_____

B. Ajoutez les traits d'union nécessaires.

1. C'est encore la même réponse, nous avait il répliqué avec un demi sourire.

_____

_____

2. Il n'est pas venu voir ses grands parents ces jours ci.

_____

_____

3. Vous habitez à la Charité sur Loire, n'est ce pas? Oui, et vous même?

---

4. Voudriez vous bien me l'expliquer? S'il vous plaît, dites moi oui, Jean Paul.

---

5. Pourquoi n'en bénéficierais je pas? J'ai plus de vingt cinq ans.

---

6. Les lui a t elle donnés? Non, donne les lui toi même.

---

7. Qu'est ce qu'il a installé au rez de chaussée?

---

8. Que m'a t on dit? se demandait elle.

---

9. Qu'y a t il d'important dans cette demi page?

---

10. Faut il mettre l'accent sur l'avant dernière syllabe?

Exercice 2 L'apostrophe (4.5). Choisissez la ou les formes correctes parmi celles qui sont indiquées entre parenthèses.

1. (que / qu') Ne partez _____ avec une valise.

2. (jusque / jusqu') Il faut aller _____ au bout.

3. (de / d') le service _____ onze heures

4. (quoique / quoiqu') _____ il arrive

5. (la / l') _____ Yougoslavie

6. (puisque / puisqu') _____ on va sortir

7. (le / l') _____ haricot vert

8. (de / d') _____ histoire

9. (La / L') _____ Haye

10. (Le / L') _____ Havre

11. (de / d') _____ Hercule

12. (quoique / quoiqu') _____ avant

13. (de / d') dans un chapitre ____ *A la recherche du temps perdu...*

14. (que / qu') Il ne savait pas _____, ayant terminé sa carrière, elle avait pris sa retraite.

15. (de / d') C'est une oeuvre ____ Ionesco.

16. (de / d') C'est une oeuvre ____ Eugène Ionesco.

17. (que / qu') Voilà la justification ____ Usbek donne.

18. (de / d') Il a eu un congé ____ huit jours.

19. (puisque / puisqu') Bravo, _____, enfin, vous avez réussi!

20. (la / l') Ce sont les meilleurs professeurs de ____ université.

21. (te / t') «Va, je ne ____ hais point», disait Chimène au Cid.

5 Mots souvent mal orthographiés

5.0 Introduction. Puisqu'un grand nombre de mots anglais sont d'origine française ou latine, il existe beaucoup de mots apparentés (= «cognates») dans les deux langues. Malheureusement, l'orthographe en est souvent différente en français et en anglais. Leur sens peut parfois également différer.

Les catégories qui suivent ne prétendent pas vous donner des listes exhaustives, mais des exemples illustrant certains schémas. Vous pourrez les appliquer et vérifier l'assimilation de ces principes en faisant les exercices. Dans l'exemple de chaque schéma, les mots anglais sont donnés avant les équivalents français. Attention aux exceptions à ces schémas qui sont indiquées en dessous! N'oubliez pas le dicton français : «C'est l'exception qui confirme la règle!»

5.1 Terminaisons de l'anglais et leurs équivalents en français. Un grand nombre de mots apparentés s'écrivent différemment en français, mais selon des schémas faciles à observer et à suivre. Les catégories de mots auxquelles appartiennent les terminaisons ou les suffixes indiqués figurent entre parenthèses.

5.1.1 Noms et/ou adjectifs anglais terminés en –y

–ty, –ity (angl.) → –té, –ité (fr.)
Exemple : *capacity* → *capacité*
Ainsi : *faculté, qualité, université*, etc.

–acy (angl.) → –atie (fr.)
Exemple : *aristocracy* → *aristocratie*
Ainsi : *bureaucratie, démocratie*, etc.
Mais : *efficacité, privauté*

–ary, –ory (angl.) → –aire, –oir, –oire (fr.)
Exemple : *anniversary* → *anniversaire*

Ainsi : *accessoire, arbitraire, dortoir, labora-toire,* etc.
Mais : *contemporain, catégorie*

-y (angl.) → -ie (fr.)
Exemple : *anatomy → anatomie*
Ainsi : *biologie, ironie, thérapie, philosophie,* etc.

5.1.2 Verbes anglais terminés en -y

-y (angl.) → -ier (fr.)
Exemple : *study → étudier*
Ainsi : *diversifier, qualifier, multiplier, étu-dier,* etc.

5.1.3 Adverbes anglais terminés en -ly

-ly (angl.) → -ment (fr.)
Exemple : *really → réellement*
Ainsi : *finalement, généralement, catégoriquement,* etc.

•Attention à la formation des adverbes à partir des adjectifs :

Si l'adjectif se termine par une voyelle, y compris é, on ajoute simplement le suffixe *-ment* (*juste > justement*).
Si l'adjectif se termine par une consonne, on ajou-te *-ment* à la forme du féminin (*gras > grassement*).
Les adverbes formés sur les adjectifs en *-ant* ou *-ent* (sauf *lent* et *présent*, qui suivent le schéma précédent) se terminent en *-amment* ou *-emment* (*savant > savamment, patient > patiemment*)
On ajoute un accent aigu dans certains cas, dont voici les plus courants : *aveuglément, commodément, communément, énormément, immensément, intensément, précisément, profondément, uniformément.*
Formations irrégulières : *bref > brièvement, gentil > gentiment*

5.1.4 Le suffixe anglais -al (adj. et n.). Les adjectifs terminés en *-al* se répartissent pour la plupart en deux catégories, avec les suffixes *-al* ou *-el*.

1. Un certain nombre d'adjectifs, qui deviennent souvent des noms en français, sont identiques en français et en anglais. Par exemple, *final, général, nasal, normal, original, régional, structural.*

2. D'autres adjectifs, rarement nominalisés, se terminent en -el en français : *artificial → artifi-ciel*. Ces adjectifs sont souvent des mots scienti-fiques, techniques ou spécialisés.
Ainsi : *conceptuel, formel, maternel, naturel, opérationnel, prépositionnel*, etc.
Mais : *éducatif, externe, fictif, interne, neutre*

En français, on double le *n* du suffixe pour presque tous les adjectifs formés à partir des noms terminés en -ion comme *fonction, tradition, obsession*, d'où :

exceptionnel, fonctionnel, traditionnel, etc.

•Quelques doublets subsistent cependant : *idéal* et *idéel*, *partial* et *partiel*, etc. Consultez le diction-naire pour les différences de sens.

3. -ical (angl.) → ique (fr.)
Exemple : *alphabetical → alphabétique*
Ainsi : *critique, pratique, théorique*, etc.
Mais : *farcesque, paradoxal, théâtral*

5.1.5 **Le suffixe anglais -an (adj. et n.).** Les ad-jectifs et noms anglais terminés en -an ont des équi-valents répartis en plusieurs catégories en français, en particulier -ain, -éen, -ien, -e. Ces adjectifs et noms désignent pour la plupart des groupes nationaux, religieux, politiques, etc., et les noms de nationa-lité seulement s'écrivent avec une majuscule en fran-çais (cf. 3.1).

-an (angl.) → -ain, -aine (fr.)
Exemple : *African → africain*
Ainsi : *américain, marocain, roumain*, etc.
Mais : *anglican(e), luthérien(ne)*

-ean (angl.) → -éen, éenne (fr.)
Exemple : *European → européen*
Ainsi : *coréen, méditerranéen*, etc.
Mais : *chilien* (du Chili)

-ian (-yan) (angl.) → -ien, -ienne (fr.)
Exemple : *Brazilian → brésilien*
Ainsi : *canadien, chrétien, colombien, gardien, presbytérien*, etc.

-ian (angl.) → -e (fr.)
Exemple : *Belgian → belge*
Ainsi : *bulgare, corse, russe*, etc.

-ian (angl.) → -aire (fr.) (ne désigne pas les nationalités)
   Exemple : *agrarian → agraire*
   Ainsi : *au_toritaire, ég_alitaire, parlementaire*, etc.

5.1.6 Les suffixes anglais -ance, -ence (n.). La plupart des noms anglais terminés en *-ance* ou *-ence* sont identiques en français (n.f.). Ainsi : *constance, préférence, science, tempérance*, etc.
   Quelques noms font exception à ce schéma, et le *-nce* de l'anglais devient *-nse* en français : *danse, offense, transe*

   Pour un certain nombre de mots, la voyelle *e* de l'anglais correspond à un *a* en français : *independence → indépendance*
   Ainsi : *ambiance, confiance, confiant, conven_ance, correspondance, insistance, transcendance.*

   Ce changement de voyelle est aussi présent dans quelques noms anglais en *-ency* qui ont des équivalents en *-ance* en français : *consistency → consistance*
   Ainsi : *délinquance, tendance*

   De même, dans les mots suivants qui ne présentent pas le suffixe *-ence* ou *-ency* le *e* de l'anglais correspond à un *a* en français : *bench → banc*
   Ainsi : *ambassade, recommander, revanche, étudiant, tranchant*

5.1.7 Participes présents et adjectifs. La distinction existe souvent entre le participe présent, toujours terminé en *-ant* et l'adjectif, parfois terminé en *-ent*. Voici les cas principaux :

Participes :	Adjectifs :
adhér_ant	*adhér_ent* (et n.)
différ_ant	*différ_ent*
équival_ant	*équival_ent* (et n.)
néglige_ant	*néglig_ent*
précéd_ant	*précéd_ent* (et n.)
résid_ant	*résid_ent* (et n.)

•Remarquez également les différences de graphie entre les adjectifs et les participes présents dans les mots suivants :

fatiguant (part.)   *fatigant* (adj.)
convainquant (part.)   *convaincant* (adj.)

5.1.8 Chute du –c dans les mots terminés en –ct (adj., n., et v.). La plupart des adjectifs anglais terminés en *-act, -ect, -ict* sont identiques en français. Ainsi : *abject, compact, direct, strict.* Cependant, un certain nombre de verbes et de noms et même quelques adjectifs ne présentent pas de *-c* en français. On obtient alors les schémas suivants :

–act (angl.) → –ait (n., adj.), –aire (v.) (fr.)
Exemple : *abstract* → *abstrait, abstraire*
De même : *fait, soustraire,* etc.

–ect (angl.) → –et (n.) (fr.)
Exemple : *effect* → *effet*
De même : *objet, préfet, projet, rejet*
Attention aux verbes : *effectuer, objecter, réfléchir, rejeter*

–ict (angl.) → –it (n.), –ire (v.) (fr.)
Exemple : *conflict* → *conflit*
De même : *édit, prédire*
Mais : *dépeindre, infliger, prédiction*

–uct (angl.) → –uit (n.), –uire (v.) (fr.)
Exemple : *conduct* → *conduite, conduire*
De même : *produit*
Mais : *attirer, contrat, contracter*

5.1.9 Le suffixe anglais –icism. Un grand nombre de noms anglais terminés en *-icism* ont des équivalents français en *-isme* (n.m.) : *cynicism* → *cynisme.*
Ainsi : *éclectisme, empirisme, romantisme,* etc.
Mais : *critique*

Cependant quelques noms français se terminent en *-icisme*, comme : *agnosticisme, classicisme* , etc.

5.1.10 Le suffixe anglais –istic. De la même façon, le suffixe des adjectifs anglais, *-istic*, devient souvent *-iste*, comme dans *capitalistic* → *capitaliste.*
De même : *idéaliste, optimiste, réaliste,* etc.
Pourtant certains noms français ont aussi le suffixe *-istique* (n.f.) : *caractéristique, linguistique, stylistique,* etc.
D'autres mots (surtout des adjectifs) ont le suffixe *-ique* : *anachronique, antagonique,* etc.

5.1.11 Verbes anglais terminés en -ish

-ish (angl.) → -ir (fr.)
Exemple : *accomplish* → *accomplir*
De même : *finir, appauvrir, remplir, vernir,* etc.
Mais : *diminuer, publier,* etc.

5.1.12 Adjectifs anglais terminés en -ish

-ish (angl.) → -âtre (fr.)
Exemple : *bluish* → *bleuâtre*
De même : *brunâtre, grisâtre,* etc.

5.1.13 Le suffixe anglais -ive (adj. et n.). La plupart des adjectifs anglais terminés en *-ive* sont équivalents à des adjectifs et des noms français en *-if* (m.) et *-ive* (f.).

-ive (angl.) → -if, -ive (fr.)
Exemple : *active* → *actif (active)*
De même : *infinitif, négatif, relatif,* etc.
Mais : *conservateur, informateur (informatrice), réfléchi, sensible*

5.1.14 Transformation du -z américain en -s (v. et n.). Les verbes anglais en *-ize* et les noms en *-ization* sont apparentés à des verbes en *-iser* et des noms en *-isation* : *americanize* → *américaniser*
De même : *analyser, civilisation, égaliser, organisation,* etc.

5.1.15 Le suffixe anglais -oon (n. et adj.). Les noms ou adjectifs anglais terminés en *-oon* ont généralement un équivalent français en *-on* (n.m.) : *balloon* → *ballon*.
Ainsi : *bouffon, marron, mousson* (f.), etc.
Mais : *babouin, lagune* (f.)

5.1.16 Les suffixes anglais -er et -or (n.). Les suffixes anglais *-er* et *-or* qui indiquent souvent l'agent ou l'instrument qui fait l'action ont plusieurs équivalents en français :

-er (angl.) → -re (fr.)
Exemple : *arbiter* → *arbitre*
Ainsi : *centre, chapitre, lettre* (f.), *maître, ministre, nombre,* etc.

-er (angl.) → -er, -ier (fr.)
Exemple : *butcher* → *boucher*
Ainsi : *officier, sorcier,* etc.
Mais : *philosophe, traitre*

-or (angl.) → -eur (fr.)
Exemple : *actor* → *acteur*
De même : *décorateur, moniteur, professeur, réfrigérateur, tracteur*, etc.

5.1.17 Les suffixes anglais -ous et -ious (adj.).
Les adjectifs anglais terminés par les suffixes *-ous* ou *-ious* ont des équivalents français (1) en *-eux* ou *-ieux* ou bien (2) en *-e*. Ainsi :

1. -ous, -ious, -eous (angl.) → -eux, -ieux (fr.)
Exemple : *advantageous* → *avantageux (avantageuse)*
De même : *ambitieux, consciencieux, périlleux, rigoureux, vertueux*, etc.
Mais : *conscient*

2. -ous, -ious (angl.) → -e (fr.)
Exemple : *adulterous* → *adultère*
De même : *analogue, barbare, illustre, indigène, synonyme*, etc.

5.1.18 Le suffixe anglais -sis. Les noms anglais terminés en *-sis* (d'origine grecque) ont des équivalents français en *-se* : *analysis* → *analyse*
Ainsi : *base, crise, métamorphose, psychanalyse, thèse*, etc.
Mais : *la catharsis*

5.2 Autres différences de graphie non finales

5.2.1 c- (angl.) → ch- (fr.) (initial)
Exemple : *candle* → *chandelle*
De même : *chantre, chapiteau, chapon, charbon (le mot carbone existe aussi), charnel, charpentier, château* (cf. 1.3 et 5.2.10), *châtrer* (cf. 1.3 et 5.2.10), *chat, chiffre*, etc.

5.2.2 ch- (angl.) → c- (fr.) L'inverse se produit parfois :
Exemple : *character* → *caractère*
Ainsi : *caractéristique, mécanique, mélancolie, mélancolique*, etc.
Mais : *époque*

5.2.3 -ect (angl.) → -ect, -ex (fr.). La plupart des mots apparentés tels *défection, réception*, et ceux du type *rédaction, réduction* sont identiques en anglais et en français, à part les accents. Mais certains mots anglais contenant le groupe *-ect* ont des équivalents français avec *-ex*. Les plus courants sont : *connexion, réflexion*.

5.2.4 des- (angl.) → **des-, dé-** (fr.). Un grand nombre de mots apparentés commençant par *des-* sont identiques ou presque dans les deux langues. Ainsi : *description, désister, despote, destruction*, etc. Notez cependant les mots suivants où le *s* tombe en français : *décrire, dépit, dépouiller, détruire*

5.2.5 dis- (angl.) → **dis-, dés-, dé-** (fr.). Les mots apparentés qui commencent en anglais par le préfixe *dis-* se divisent en trois catégories, selon les préfixes *dis-, dés-* et *dé-* en français. Les listes suivantes donnent les plus usuels (les dérivés ne sont pas énumérés) :

dis- :	dés- :	dé- :
discerner	*désabuser*	*débourser*
discipliner	*désaffecter*	*décharger*
discontinuer	*désagréable*	*déclamer*
discorde	*désagrément*	*décolorer*
discours	*désallouer*	*décomposer*
discréditer	*désappointer*	*décompte*
discret	*désapprouver*	*déconcerter*
discriminer	*désarmer*	*décourager*
discussion	*désarroi*	*découverte,*
disgracier	*désarticuler*	*découvrir*
disjoindre	*désavantager*	*dédaigner*
disloquer	*désavouer*	*défavoriser*
disparaître	*désenchanter*	*défigurer*
disparité	*désencombrer*	*dégorger*
dispenser	*déshériter*	*dégoûter*
disperser	*déshonorer*	*déguiser*
disposer	*désillusionner*	*déloger*
disproportion	*désinfecter*	*déloyal*
dispute(r)	*désintégrer*	*démembrer*
disqualifier	*désintéresser*	*démonter*
dissecter	*désobéir*	*déplacer*
disséminer	*désobliger*	*déplaire*
dissension	*désordre*	*déployer*
disserter	*désorganiser*	*déposséder*
dissident	*désorienter*	*détresse*
dissonant	*désunir*	
dissoudre		
distancer		
distiller		
distinguer		
distraire		
distribuer		

5.2.6 gu (angl.) → g (fr.). Le *u* de l'anglais tombe dans les mots suivants et leurs dérivés :

garantie, garde, garder, langage, etc.

5.2.7 Autres schémas de différence entre l'anglais et le français

n (angl.) → gn (fr.)
Exemple : *accompany, -niment → accompagner, accompagnement*
Ainsi : *compagne, compagnie, ligne, oignon,* etc.

o, ol (angl.) → ou (fr.)
Exemple : *cover → couvrir*
Ainsi : *gouverner, nouveau, nouvelle, ouvert, résoudre,* etc.

u (angl.) → o (fr.)
Exemple : *drug → drogue, droguer*
Ainsi : *fonction, fondamental, golfe, gomme, nonne, pompe, ponctuation, prononciation, somme, volontaire, ombilical,* etc.

u (angl.) → ou (fr.)
Exemple : *bursar → boursier*
Ainsi : *bouton, coupable, coutume, dégoût, doubler, poulie, pouls, poupée, poursuite, soudain, souper, touffe, tourner, Yougoslavie,* etc.

om (um) (angl.) → on (fr.)
Exemple : *column → colonne*
Ainsi : *confort, réconforter, confortable, circonférence, circonstance,* etc.

Chute du -u- dans les groupes -oun en anglais
Exemple : *announce, -ment → annoncer, annonce*
De même : *bonté, conseil, conseiller, contenance, contre et composés, comté, rencontrer et composés, fonder et composés, monter et composés, montagne, (pro)nom, profond, rond, son, sonde*

5.2.8 Consonnes simples en anglais mais doubles en français. Les consonnes finales de l'anglais donnent souvent des consonnes doubles en français, mais ce schéma n'est pas toujours constant : *gram → gramme, quit → quitter*
Mais : *drogue, habiter, problème, solliciter*

Voici les mots les plus courants dans lesquels la consonne est doublée en français :

l (angl.) → ll (fr.)
Exemple : *fail, failure* → *faillir, faillite*
De même : *famille* (mais *familial, familiarité),
mille, solliciter, tailleur, tailler, tranquille,
vaillant*

m (angl.) → mm (fr.)
Exemple : *damage* → *dommage*
Ainsi : *gemme, gramme, kilogramme,* etc., *gomme,
hommage, somme*

n (angl.) → nn (fr.)
Exemple : *banish* → *bannir*
Ainsi : *consonne, ennemi, environnement, honnête,
honnêteté,* etc., *honneur* (mais *honorifique, hono-
rer, honorable), monnaie, nonne, personne,
personnel, personnalité, raisonner, raisonnable,
assaisonner, assaisonnement, saisonnier, subordonné, tanner, tonne*

Les mots dérivés des noms terminés en *-ion* doublent
le *n* final sauf quand le suffixe *-al* est présent
(voir 5.1.2) : *exception* → *exceptionnel*.
Ainsi : *fonction, fonctionner, fonctionnaire, fonctionnel*
Mais : *national, nationalisme, nationaliser*

r (angl.) → rr (fr.)
Exemple : *bar* → *barre, barreau*
Ainsi : *carrière, jarre, Sarrazin, carré, équerre*

s (angl.) → ss (fr.)
Exemple : *baseness* → *bassesse*
Ainsi : *bassin, caisse, chasse, chasser, dessin,
pressentiment, ressembler, ressource, ressusciter*

t (angl.) → tt (fr.)
Exemple : *bat (baseball)* → *batte*
De même : *émettre (omettre, permettre, remettre,*
etc.*), littérature, littéraire, quitter*

5.2.9 Consonnes doubles en anglais mais simples en français

Consonnes identiques

bb (angl.) → b (fr.)
Exemple : *bobbin* → *bobine*
De même *babiller, gober, ruban*

cc (angl.) → c (fr.)
Exemple : *account → acompte*

dd (angl.) → d (fr.)
Exemple : *address → adresse, adresser*
De même : *soudain*

ff (angl.) → f (fr.)
Exemple : *coffee → café*
De même : *échafaud, échafaudage, moufle («mitten»), trafic*

gg (angl.) → g (fr.)
Exemple : *aggravate → agraver*
De même *agrandir, agrandissement, agrégat, agrégé, agrégation, agression, agressif, bagage, exagérer, exagération*

ll (angl.) → l (fr.)
Exemple : *folly → folie*
De même *galant, galanterie, galère, galerie, gaulois, galop, galoper, gueule, pâle, rouler, rouleau, vilain*

mm (angl.) → m (fr.)
Exemple : *committee → comité*
De même : *hamac, momie, symétrie*

nn (angl.) → n (fr.)
Exemple : *cannon → canon*
Ainsi : *chenal, dîner, chenil, manière*

pp (angl.) → p (fr.)
Exemple : *puppet → poupée*
De même : *saphir*

rr (angl.) → r (fr.)
Exemple : *carrot → carotte*
Ainsi : *baril, courant, hareng, mariage, marier, querelle*

tt (angl.) → t (fr.)
Exemple : *battle → bataille*
Ainsi : *bouteille, bouton, comité, glouton, loterie, mouton*

Consonnes mixtes

ck (angl.) → c, q, qu (fr.)
Exemple : *block → bloc, bloquer*
Ainsi : *coq, craquer, coucou, laquais, moquer, paquet, roc*

dg (angl.) → g (fr.)
Exemple : *dredge* → *draguer*
De même : *bouger, juge, juger, loger*

bt, pt (angl.) → t, tt (fr.)
Exemple : *debt* → *dette*
De même : *doute, recette*

lm (angl.) → um (fr.)
Exemple : *balm* → *baume*
Ainsi : *paume* (mais *la palme* d'un *palmier*), *royaume*

5.2.10 Accents circonflexes en français remplaçant un -s- en anglais. En général, l'accent circonflexe en français moderne remplace un *s* de l'ancien français qui est souvent encore présent en anglais. La liste suivante ne comprend que les mots les plus courants :

Anglais :	Français :
abyss	*abîme**
arrest	*arrêter**
baptism	*baptême**
beast	*bête**
chestnut	*châtaigne*
cloister	*cloître**
conquest	*conquête*
cost	*coût, coûter*, etc.
crest	*crête*
epistle	*épître**
feast	*fête**
forest	*forêt**
honest	*honnête*
hospital	*hôpital**
hostel	*hôtel*
inquest	*enquête*
interest	*intérêt**
island	*île*
master	*maître*
oyster	*huître*
quest	*quête**
request	*requête*
tempest	*tempête**
vestment	*vêtement**
wasp	*guêpe*

*Les mots suivis d'un astérisque ont des dérivés qui ont gardé l's : *bestial, épistolaire, forestier*, etc.

5.2.11 Autres mots apparentés : orthographe différente dans les deux langues. Seuls sont donnés les mots principaux quand les dérivés suivent le même schéma.

Anglais :	Français :
agreeable	agréable
apartment	appartement
authorize	autoriser
cashier	caissier, caissière
cemetery	cimetière
chemistry	chimie
chivalry	chevalerie
cinder	cendre
citizen	citoyen, citoyenne
community	communauté
comparison	comparaison
comrade	camarade
count (n.)	compte, comte
count (v.)	compter
cucumber	concombre
devour	dévorer
dilemma	dilemne
entitled	intitulé
exam	examen
example	exemple
exercise	exercice, exercer
fantasy	fantaisie
hazard	hasard
inhabit	habiter
inherit	hériter
juice	jus
juicy	juteux
license	licence
marvel	merveille
medicine	médecine, médicament
merchant	marchand
ornament	ornement
principle	principe
responsible	responsable
rhyme	rime
rhythm	rythme
sense	sens, sentir
skepticism	scepticisme
study	étude, étudier
syllable	syllabe
sympathetic	sympathique
treason	trahison
verse	vers, verset
virtue	vertu
vowel	voyelle

5.2.12 Ne confondez pas les mots suivants :

la campagne («country, campaign») et *la compagne* («companion»)
le dessert («dessert») et *le désert* («desert»)
le cours («course») et *la course* («race»)
le poison («poison») et *le poisson* («fish»)
raconter («tell») et *rencontrer* («meet, encounter»)

5.2.13 Mots souvent mal orthographiés. Faites aussi particulièrement attention aux mots français suivants :

Allemagne
ambiance
aujourd'hui
beaucoup
ennuyeux
événement
heureux, heureuse
hypocrisie

meilleur, meilleure
la plupart
plusieurs
quelquefois
reçu
vécu
vieux, vieille

EXERCICES D'APPLICATION

Exercice 1 (5.1.1 à 5.1.3). Donnez les mots français apparentés aux mots anglais suivants.

contrary _____ theory _____

deficiency _____ courtesy _____

dictionary _____ pacify _____

analogy _____ respiratory _____

secondary _____ security _____

unify _____ photography _____

category _____ territory _____

supremacy _____ necessity _____

Exercice 2 (5.1.4). Donnez les mots français apparentés aux mots anglais suivants.

national _____ paternal _____

fundamental _____ sensual _____

banal _____ prepositional _____

indentical _____ verbal _____

comical _____ real _____

philosophical _____ conditional _____

physical _____ plural _____

visual _____ critical _____

rational _____ mortal _____

biological _____ personal _____

rhetorical _____ hysterical _____

Exercice 3 (5.1.5). Donnez les mots français apparentés aux mots anglais suivants.

Mexican _____ Australian _____

authoritarian _____ republican _____

Tunisian _____ Chilean _____

Peruvian _____ Armenian _____

Exercice 4 (5.1.6 et 5.1.7). Donnez les mots français apparentés aux mots anglais suivants.

omniscience _____ correspondence _____

independence _____ offence _____

patience _____ indulgence _____

reverence _____ balance _____

convincing (adj.) _____ dance _____

intelligence _____ negligence _____

student _____ embassy _____

revenge _____ dependent _____

belligerent _____ bench _____

Exercice 5 (5.1.8). Donnez les mots français apparentés aux mots anglais suivants.

construct _____ subject _____

subtract _____ fact _____

contract _____ distract _____

Exercice 6 (5.1.9 et 5.1.10). Donnez les mots français apparentés aux mots anglais suivants.

anglicism _____ skepticism _____

exoticism _____ pessimistic _____

agnosticism _____ cabalistic _____

materialistic _____ fatalistic _____

artistic _____ opportunistic _____

criticism _____ simplistic _____

Exercice 7 (5.1.11 et 5.1.12). Donnez les mots français apparentés aux mots anglais suivants.

demolish _____ perish _____

diminish _____ enrich _____

whitish _____ banish _____

garnish _____ furnish _____

Exercice 8 (5.1.13). Donnez les mots français apparentés aux mots anglais suivants.

subjunctive _____ progressive _____

affirmative _____ votive _____

descriptive _____ discursive _____

conservative _____ normative _____

aggressive _____ reflexive _____

abusive _____ passive _____

Exercice 9 (5.1.14). Donnez les mots français apparentés aux mots anglais suivants.

normalize _____ tranquillize _____

industrialization _____ materialize _____

realization _____ criticize _____

reorganize _____ philosophize _____

Exercice 10 (5.1.15). Donnez les mots français apparentés aux mots anglais suivants.

bassoon _____ typhoon _____

cocoon _____ baboon _____

Exercice 11 (5.1.16). Donnez les mots français apparentés aux mots anglais suivants.

banker _____ coffer _____

vendor _____ plasterer _____

color _____ farmer _____

pastor _____ counter (n.) _____

counter (préf.) _____ moderator _____

emperor _____ chamber _____

Exercice 12 (5.1.17). Donnez les mots français apparentés aux mots anglais suivants.

joyous _____ nebulous _____

conscious _____ heinous _____

heterogeneous _____ vicious _____

perilous _____ indigenous _____

ambitious _____ conscientious _____

virtuous _____ synonymous _____

Exercice 13 (5.1.18). Donnez les mots français apparentés aux mots anglais suivants.

Genesis _____ psychoanalysis _____

exegesis _____ antithesis _____

synthesis _____ emphasis _____

crisis _____ catharsis _____

Exercice 14 (5.2.1 et 5.2.2). Donnez les mots français apparentés aux mots anglais suivants.

carnal _____ canker _____

cannon _____ carpentry _____

mechanic _____ channel _____

Exercice 15 (5.2.4 et 5.2.5). Donnez les mots français apparentés aux mots anglais suivants.

discretion _____ discharge _____

discriminate _____ disorder _____

despotism _____ destroy _____

describe _____ designated _____

discovery _____ disfavor _____

disinterested _____ distress _____

dislodge _____ disinherit _____

disjointed _____ disgust _____

displeasure _____ disguise (n.) _____

disdain _____ dislocation _____

Exercice 16 Orthographe (5.1.7). Choisir le mot juste dans les phrases suivantes.

1. Tous les étudiants ayant suivi un cours (équivalant/équivalent) _____ à celui-ci recevront des équivalences.

2. Le chapitre (précédant/précédent) _____
ce dernier est le moins difficile.

3. Le ministre est devenu (présidant/président) _____
_____.

4. Le numéro (précédant/précédent) _____ est
paru avec quelques jours de retard.

5. N'oubliez pas de bien adresser vos lettres en les
(expédiant/expédient) _____.

6. Le sénateur (présidant/président) _____
la réunion va se représenter aux élections.

Exercice 17 (5.2.6 et 5.2.7). Donnez les équivalents français des mots anglais suivants.

guard _____ accompaniment _____

supper _____ circumstance _____

announce _____ pronounce _____

functional _____ drug _____

pursue _____ disgusting _____

government _____ overture _____

Exercice 18 (5.2.8). Donnez les mots français apparentés aux mots anglais suivants.

kilogram _____ to omit _____

tailor _____ rationalism _____

tranquil _____ to chase _____

personal _____ bar _____

subordinate _____ resource _____

functional _____ resemblance _____

Exercice 19 (5.2.9). Donnez les mots français apparentés aux mots anglais suivants.

coffee _____ to roll _____

address _____ barrel _____

folly _____ debt _____

carrot _____ to judge _____

lottery _____ gallic _____

mockery _____ aggressive _____

palm _____ scaffold _____

puppet _____ mannerism _____

gallop _____ baggage _____

symmetry _____ to doubt _____

Exercice 20 (5.2.10). Donnez les mots français apparentés aux mots anglais suivants.

forest _____ inquest _____

tempest _____ chestnut _____

to arrest _____ hostel _____

feast _____ epistle _____

cloister _____ island _____

hospitality _____ forester _____

Exercice 21 (5.2.11). Donnez les mots français apparentés aux mots anglais suivants.

merchandise _____ rhythm _____

hazard _____ virtue _____

devour _____ citizen _____

agreement _____ cashier _____

cinder _____ apartment _____

inheritance _____ chivalrous _____

chemical _____ authority _____

inhabitant _____ responsibility _____

6 Problèmes de genre

6.0 Introduction. Les fautes dues aux erreurs de genre sont particulièrement fréquentes et beaucoup d'autres en découlent. Il est donc important de noter certaines règles et caractéristiques des noms français, afin d'éviter ces fautes.

6.1 Catégories de noms masculins. Sont du masculin les noms qui désignent :

1. les personnes ou les animaux du sexe masculin, ainsi que les appellations génériques :

le frère, le cheval, l'homme (= «man, mankind»)

2. les arbres et les arbustes :

le chêne, l'érable, le cocotier

3. les jours, les mois, les saisons :

le lundi, un décembre pluvieux, un beau printemps

4. les points cardinaux :

le nord, le sud-est, l'ouest

5. les minéraux courants et les éléments :

le fer, le cuivre, le feu
Mais : *l'eau, la terre, la chaux, une émeraude, la pierre, la roche*

6. les mesures métriques :

le mètre, le litre, le gramme
Mais : *la livre, la tonne* (anciennes mesures métriques)

7. les langues :

le français, le japonais, le russe

8. les noms dérivés de formes verbales (infinitif, participes), d'adjectifs (par exemple les couleurs), de prépositions, d'interjections :

le rire, le boire et le manger
le passé, le tournant, le travesti
le rouge et le noir, un oui, le pour et le contre

6.2 Catégories de noms féminins. Sont du féminin les noms qui désignent :

1. les personnes et les animaux du sexe féminin :

la mère, la soeur, la jument

•Les femmes exerçant des professions tradition-nellement réservées aux hommes (docteur, médecin, professeur, notaire, etc.) sont désignées par des noms masculins. Dans ce cas, on dit :

une femme-médecin, une femme-écrivain, ou un professeur-femme, etc., ou bien quelquefois: un professeur femme.

Un certain nombre d'animaux sont toujours désignés par le nom féminin (générique) :

une antilope, une araignée, une cigogne, une fourmi, une gazelle, une souris, etc.

On ajoute alors les suffixes mâle et femelle pour distinguer les sexes :

une cigogne-mâle, un rat-femelle

2. les sciences :

la médecine, la physique, l'économie, les mathématiques

3. la plupart des abstractions. Ceci est surtout le cas des noms terminés par -té, -tié, -eur, -ion, -esse (voir ci-après) :

la charité, l'amitié, la chaleur, la compréhension, la paresse, la fortune
Mais : le bonheur, le crime, un honneur, le malheur, le silence, le vice

Cependant, les noms abstraits terminés par -age, -ère, -ème, -isme (voir ci-après) sont masculins :

> le courage, le caractère, le système, le conformisme

6.3 **Terminaisons.** On peut souvent déterminer le genre des noms en examinant leur terminaison. En règle très générale, les noms qui se terminent par une consonne ou une voyelle autre qu'un -e muet tendent à être du masculin :

> le boucher, le marché, le lieu, le banc, le cri, le lit

Par contre, les noms terminés par un -e muet tendent à être du féminin :

> l'arrivée, la bouche, la porte, la nature, la cigarette

Il existe pourtant un grand nombre de noms (un tiers environ) qui ne suivent pas cette règle et qu'on peut grouper dans les catégories énumérées ci-dessous.

6.3.1 **Noms féminins dont les terminaisons sont autres que le -e muet**

1. **-té, -tié.** Presque tous les noms terminés par -té ou -tié :

> la cité, la rapidité, la moitié, la pitié, etc.

•Exceptions (surtout des participes passés substantivés) : un arrêté, le comité, le comté, le côté, le décolleté, le doigté, le pâté, le député, le traité

2. **-sion, -tion, -ison, aison, -xion.** Presque tous les noms en -tion, -sion, -ison et -xion et tous les noms en -aison :

> la nation, la passion, la comparaison, la trahison, la crucifixion, la maison, etc.
> Mais : le bastion, le bison

Les noms terminés en -ion et -on se divisent presque également entre masculins et féminins :

> un avion, le camion, le million, le pion, le son, le glaçon, etc.

*la région, la réunion, la leçon, la chanson, la
façon,* etc.

3. **-eur**. Presque tous les noms abstraits en *-eur*
(indiquant la qualité, la couleur, les sentiments) :

la longueur, la frayeur, la peur, etc.
Mais : *le bonheur, le déshonneur, l'honneur, le
labeur, le malheur*

•Attention : les noms d'instruments et les noms
d'agent terminés en *-eur* n'appartiennent pas à cette
catégorie, ils sont masculins (avec des formes
diverses au féminin):

*le carburateur, un ordinateur
le chanteur (la chanteuse), le danseur (la dan-
seuse), un acteur (une actrice), le directeur (la
directrice), le chasseur (la chasseresse), un
enchanteur (une enchanteresse)*

4. **Terminaisons variées du féminin :**

-a : Si la plupart des noms en *-a* sont masculins
(ainsi que ceux qui se terminent par le son /a/ écrit
-as, -at, -ac, -az, etc.), les noms suivants sont
féminins :

*une armada, une caméra, la diaspora, la fantasia,
la guérilla, une influenza, la malaria, la mari-
na, une pampa, la sierra, la tombola, la ven-
detta, la véranda, la villa, la vodka* (noms
d'origine étrangère)

-i : Les deux seuls noms en *-i* qui soient du féminin sont :

la fourmi, la merci

-is, -it, -ix : Les seuls noms féminins avec ces
terminaisons (prononcées /i/) sont :

la brebis, la nuit, la perdrix, la souris

-oi : Les seuls noms féminins en *-oi* sont :

la foi, la loi, la paroi

-ois, -oix : Les seuls noms féminins avec ces terminaisons (prononcées /wa/) sont :
la croix, la noix, la poix, la voix

-u : Les seuls noms féminins terminés en -u sont :

la bru (prononcé /y/)   l'eau (pron. /o/)
la glu (prononcé /y/)   la peau (pron. /o/)
la vertu (prononcé /y/)   la tribu (pron. /y/)

-f : Les seuls noms féminins terminés en -f sont :

la clef (ou la clé), la nef, la soif

-in, -ain, -aim : Les seuls noms féminins terminés par -in (ou -ain, -aim) sont :

la faim, la fin, la main

-r : Les seuls noms féminins terminés par la consonne sonore -r sont :

la chair, la cour, la cuiller (ou cuillère), la
fleur, la mer, la soeur (sexe féminin), la tour

et tous les noms abstraits terminés en -eur comme la fureur, la lenteur, la peur, etc. (voir ci-dessus 6.3.1 (3))

-s : Les seuls noms féminins terminés par un -s sonore sont :

la catharsis, la syphilis, la vis

-t : Les seuls noms féminins terminés par un -t muet sont :

la dent, la forêt, la mort, la nuit, la part, la
plupart

Le seul nom terminé par un -t sonore qui soit féminin est :

la dot

-aix, -aux, -oux : Les seuls noms féminins avec ces terminaisons sont :

la chaux, la paix, la faux, la toux

6.3.2 Noms masculins dont les terminaisons comprennent un -e muet :

1. -ge. Sont masculins la plupart des noms terminés par -age, -ège, -ige, -oge, -uge :

-age : *le nuage, le mariage, le ménage, un usage,* etc.
-ège : *le liège, le privilège, le siège,* etc.
-ige : *le litige, le prestige,* etc.
-oge : *le doge, un éloge,* etc.
-uge : *le refuge, le subterfuge,* etc.

●Exceptions : surtout quelques noms courants en *-age* :

la cage, une image, la nage, la page, la plage, la rage
la Norvège
une tige
une horloge, une loge, une toge
une luge

2. **-ème, -ome, -me.** Sont masculins la plupart des noms terminés en *-ème, -ome, ôme* (généralement d'origine grecque), *-aume, -rme, -me, -sme* et surtout tous les noms en *-isme* :

le carême
le diadème
un emblème
un poème
le problème
le théorème
le système

un axiome
un idiome
un vélodrome

le binôme
le dôme
le symptôme

le baume
le psaume
le royaume

le charme
un épiderme
le germe
le terme

le blâme
le crime
le drame

le capitalisme
le mercantilisme
le microcosme
le spasme

●Exceptions : *la crème, la paume, la ferme, la firme, la forme, la gourme, la norme, la rime*

3. **Noms masculins terminés en -ogue** :

le catalogue, le dogue, le dialogue, le pédagogue, etc.
Mais : *la drogue, la pirogue, la synagogue, la vogue*

4. **-aire, -oire.** Sont masculins la plupart des noms
en *-aire* et beaucoup en *-oire* :

> *le contraire, le dictionnaire, le lampadaire, le
> vestiaire*
> *un accessoire, un directoire, un laboratoire, le
> territoire, etc.*

•Exceptions les plus courantes :

une affaire	*une armoire*
une aire	*la baignoire*
une chaire	*une échappatoire*
une circulaire	*la foire*
une glaire	*la gloire*
une grammaire	*une histoire*
une haire	*une mâchoire*
une molaire	*la mémoire*
une moustiquaire	*la trajectoire*
la paire	*la victoire*
la statuaire	

5. **-fère, -tère.** Sont masculins la plupart des noms
terminés en *-fère* et *-tère* :

> *le conifère, le mammifère, etc.*
> *le caractère, le critère, le ministère, le mystère,*
> etc.

6. **-ble, -cle, -gle, -ple.** Sont masculins la plupart des noms terminés en *-ble, -cle, -gle, -ple* :

> *le cartable, le double, un ensemble, le sable, etc.*
> *le couvercle, le cycle, le miracle, le spectacle,*
> *le socle, etc.*
> *un aveugle, un angle, un ongle, un sigle, etc.*
> *le disciple, un exemple, le périple, le quintuple,*
> etc.

•Exceptions : *la bible, la boucle, la chasuble, la
débâcle, la cible, une épingle, la fable, la règle,
une étable, la tringle*

7. **-ice.** Sont généralement masculins les noms terminés en *-ice*, à l'exception des féminins de noms
d'agent en *-eur* (par ex. *cantatrice*) :

> *le bénéfice, le caprice, le complice, un indice, le
> service, le vice, etc.*
> Mais : *une avarice* (nom abstrait), *une cicatrice,*

la justice (nom abstrait), la malice (nom abstrait), la lice

8. **-xe.** Sont masculins la plupart des noms terminés en -xe :

le complexe, le luxe, le paradoxe, le réflexe, le sexe, etc.
Mais : la boxe, la rixe, la syntaxe, la taxe

9. **-tre, -bre, -cre.** Sont masculins la plupart des noms terminés par -tre et beaucoup de noms en -bre, -cre, -dre, -fre, -pre, -vre :

un astre, le centre, le maître, le prêtre, le registre, le théâtre, le titre, etc.
le concombre, le nombre, le sacre, le soufre, le givre, etc.

• Exceptions :
la fenêtre
une huître
la lettre
la montre
la poutre
la rencontre
la vitre

la poudre

les affres (f. pl.)
une offre

une ancre
une encre
la nacre

la lèpre
la pourpre
les vêpres (f. pl.)

la lèvre
la pieuvre

une ombre
les ténèbres (pl.)

10. **Autres noms masculins terminés par un -e muet :**

-be
un galbe
un orbe

un verbe
(un adverbe, etc.)

-ce
le commerce
le divorce
un espace

un palace
le prépuce
le silence

-che
un apache
le caniche
le coche

un hémistiche
le panache
le patriarche

le dimanche (jour)
le fantoche
le fétiche

le porche
le postiche
le prêche

—de

un aède
un antipode
le barde
le code
le dividende
un épisode
un exode
un exorde
un garde

un grade
un intermède
le jade
le mode
le monde
un quadrupède
un remède
le solde
le stade
le subside

—ée (noms généralement d'origine grecque, à opposer aux noms comme *arrivée*, *entrée*, qui sont féminins)

un apogée
un athée
le camée
le colisée
le gynécée
un hyménée

le lycée
un mausolée
un musée
un périgée
un pygmée
un scarabée
un trophée

—gne

le bagne
un insigne
le pagne

le peigne
le règne
le signe

—ie

le génie
un incendie
le Messie

le parapluie
le sosie

—le

le châle
le mâle
un ovale
le pétale
le râle
le scandale

un asile
un domicile
un édile
un évangile
un fossile
un textile
un ustensile

le fidèle (adj. subst.)
le modèle
le zèle

le voile

le crépuscule
le globule

un alvéole
un contrôle

un monticule
un ovule

un *discobole*
un *monopole*
un *môle*
le *pétrole*
un *pôle*
le *protocole*
un *rôle*
un *symbole*

un *péristyle*
un *style*

-ne
le *crâne*
le *domaine*
le *gène*
le *jeûne*
le *magazine*
le *phénomène*
le *phonème*

-nge
un *ange*
le *change*
un *échange*
le *lange*
le *losange*
le *mélange*

-pe
le *crêpe*
le *groupe*
le *pape*

-phe
un *autographe*
un *hiéroglyphe*

-que
un *astérisque*
le *cantique*
le *colloque*
le *diptyque*
le *disque*
le *distique*
le *lexique*

-re
le *cigare*
le *cimetière*

un *pécule*
un *réticule*
le *scrupule*
le *tentacule*
le *testicule*
le *véhicule*
le *ventricule*
le *vestibule*

le *téléphone*
(et autres noms
formés avec le
suffixe *-phone*)
le *trombone*
le *trône*

le *linge*

le *mensonge*
le *songe*

le *participe*
le *pope*
le *principe*

le *paragraphe*
le *paraphe*

le *monarque*
le *manque*
le *masque*
le *portique*
le *risque*
le *téléphérique*

le *martyr*
le *phare*

le débarcadère
le délire
le genre
un hémisphère

le réverbère
le square
le store
un ulcère

-se
le gymnase
le malaise

le morse
le torse

-te
un acte
un anachorète
un antidote
un architecte
un ascète
un astronaute (et autres
  noms formés avec -aute)
un athlète
un bureaucrate (et autres
  noms formés avec -crate)
un (com)patriote
un compte
un conte
un culte
un diabète
un diplomate
le doute

un hypocrite
un interprète
le jute
un mérite
un pilote
le poète
le prophète
le rite
le site
le termite
le tumulte
le vote
un buste
le geste
un inceste
le reste
le texte

-ve
le fleuve

le rêve

-ze
le mélèze (arbre)

le trapèze

double consonne + e
le bacille
le chèvrefeuille
le codicille
le gorille
un intervalle
le libelle
le polichinelle
le tulle
le vaudeville
le vermicelle
le violoncelle

le renne

le beurre
le cimeterre
le parterre
le tonnerre
le catarrhe

le carrosse
le colosse
le narcisse
le pamplemousse

le squelette

6.4 Noms dont le genre ne varie pas, quel que soit le sexe désigné :

Masculins :
un *agent*
un *amateur*
un *ange*
un *animal*
un *architecte*
un *assassin*
un *bébé*
un *chauffeur*
un *chevalier*
un *contralto*
un *défenseur*
un *démon*
un *écrivain*
un *génie*
un *ingénieur*
un *juge*
un *magistrat*
un *malfaiteur*
un *mannequin*
un *manoeuvre*
un *médecin*
un *ministre*
un *modèle*
un *monstre*
un *notaire*
un *oppresseur*
un *otage*
un *orateur*
un *peintre*
un *penseur*
un *philosophe*
un *précurseur*
un *professeur*
un *sauveur*
un *sculpteur*
un *soldat*
un *soprano*
un *successeur*
un *témoin*
un *tyran*
un *vainqueur*
un *vétérinaire*
un *voyou*
un *vieillard*

Féminins :
une *basse*
une *bête*
une *crapule*
une *connaissance*
une *dupe*
une *estafette*
une *ordonnance*
une *personne*
une *recrue*
une *sentinelle*
une *vedette*
une *victime*
une *vigie*

**6.5 Noms homonymes de genres et de sens diffé-
rents.** Les noms suivants existent au masculin et au
féminin, mais avec des sens différents.

•Attention à ne pas les confondre!

Masculins :	Féminins :
un *aide*	une *aide*
aid, helper	help
un *barde*	une *barde*
bard, poet	lard around roasts
un *cache*	une *cache*
printing mask	hiding place
un *crêpe*	une *crêpe*
crape	pancake
un *critique*	une *critique*
critic	criticism
un *enseigne*	une *enseigne*
ensign	sign, shop sign
un *faune*	la *faune*
wild beast	fauna
un *foudre*	la *foudre*
thunderbolt	lightning
un *garde*	une *garde*
guard, keeper	guardianship, watch
un *greffe*	une *greffe*
court clerk	graft
un *guide*	une *guide*
guide, guide book	rein
un *livre*	une *livre*
book	pound
un *manche*	une *manche*
handle	sleeve, sport set
	La *Manche*
	English Channel
un *manoeuvre*	une *manoeuvre*
laborer	maneuver
un *martyre*	une *martyre*
martyrdom	female martyr
un *martyr*	
male martyr	
un *mémoire*	une *mémoire*
long paper	memory
un *merci*	une *merci*
thank you	mercy
un *mode*	une *mode*
mode, mood	fashion
un *mort*	une *morte*
a dead man	a dead woman

	la mort
	death
un moule	une moule
a mold	mussel
un mousse	une mousse
cabin boy	moss, lather
un office	une office
office, service	pantry
un oeuvre	une oeuvre
works as a whole	single work
un page	une page
page (person)	page (of a book)
un parallèle	une parallèle
comparison	parallel line
un pendule	une pendule
pendulum	clock
un physique	la physique
physique	physics
le platine	la platine
platinum	platen, plate
un poêle	une poêle
stove	frying pan
un poste	une poste
job, position	post office
un solde	une solde
remainder	soldier's pay
un somme	une somme
nap	sum
un tour	une tour
tour	tower
un trompette	une trompette
trumpeter	trumpet
le vague	une vague
vagueness	wave
un vapeur	la vapeur
steamboat	steam
un vase	la vase
vase	mud
un voile	une voile
veil	sail

6.6 Genre des noms composés. Généralement le genre du nom ou du premier nom détermine le genre du nom composé :

nom + nom :
  le bateau-mouche
nom + adjectif ou adjectif + nom :
  le raton-laveur, la chauve-souris, une eau-forte
•Exceptions : le rouge-gorge, un hémisphère, un hémistiche

Quand le nom composé est formé différemment (nom + préposition, nom + verbe, verbe + verbe, etc.) le nom composé est généralement masculin :

> *le pourboire*
> *le portefeuille*
> *un aller et retour*
> *un laissez-passer*

Si vous êtes confus, les Français le sont aussi!

Irréalisme de notre langue pour laquelle toute grenouille, hirondelle ou libellule est du sexe féminin, tout crapaud, hérisson, papillon, mâle. Pour les escargots, lis, noyers qui bénéficient de l'androgynie, devrait exister un troisième genre. Quant aux objets, un couteau, une cuiller, un marteau, une soupière, on peut comprendre. On comprend. Mais pourquoi un seau, une échelle, une scie, un tonneau? Sur ce point les Anglais, qui mettent les choses au neutre, sont moins fous que nous. (Béatrix Beck, *L'enfant chat* (Paris : Grasset, 1984) pp. 100-101.)

Quoi qu'en dise Béatrix Beck, il est souvent impossible, pour les objets, par exemple, de «comprendre». Ne vous découragez pas, vous retrouverez facilement de nombreux schémas dans les exercices suivants.

EXERCICES D'APPLICATION

Exercice 1 Genres (6.1 à 6.3). Indiquez le genre des noms suivants en ajoutant un article indéfini et dites à quel groupe ou schéma chaque nom appartient.

_____ santé		_____ bois	
_____ mariage		_____ condition	
_____ communion		_____ problème	
_____ dictionnaire		_____ seconde	
_____ époux		_____ raison	
_____ banc		_____ pain	
_____ odeur		_____ bâtiment	
_____ sympathie		_____ épaisseur	

_____ trottoir   _____ idiome

_____ cortège   _____ faix

_____ bras   _____ producteur

_____ politique   _____ ministre

_____ avenir   _____ exercice

_____ communisme   _____ déjeuner

_____ siège   _____ jumelle

_____ thème   _____ douleur

Exercice 2 Genres (6.1 à 6.3). Indiquez le genre des noms suivants en ajoutant un article indéfini et dites si le nom suit un schéma régulier ou constitue une exception.

_____ mercure   _____ épisode

_____ indépendance   _____ cuivre

_____ germe   _____ lycée

_____ carnaval   _____ nombre

_____ pacha   _____ gare

_____ entrée   _____ incendie

_____ malheur   _____ cigare

_____ cadence   _____ geste

_____ monocle   _____ loi

_____ offre   _____ cage

_____ justice   _____ échange

_____ réflexe   _____ genre

Exercice 3 Genres (6.1 à 6.3). Indiquez le genre des mots suivants en ajoutant un article indéfini.

_____ servante   _____ loup

_____ monument

_____ alliance

_____ château

_____ sapin

_____ chaise

_____ beau-père

_____ toit

_____ toiture

_____ valise

_____ balcon

_____ défense

_____ épicier

_____ thé

_____ radis

_____ biologie

_____ chauffage

_____ rivière

_____ boîte

_____ charcuterie

_____ espagnol

_____ canard

_____ carte

_____ conducteur

_____ brique

_____ statut

_____ souper

_____ tante

_____ saucisse

_____ kilomètre

_____ sacrifice

_____ philosophie

_____ chêne

_____ capitaine

_____ blanc

_____ phosphore

_____ tasse

_____ bande

_____ hêtre

_____ censure

_____ tracas

_____ saut

_____ faute

_____ secrétaire

_____ journal

_____ bulletin

_____ école

_____ préférence

_____ écrevisse

_____ statue

_____ crayon

Exercice 4 Genres (6.1 à 6.3). Même exercice.

_____	peuple	_____	arbre
_____	fantôme	_____	immeuble
_____	amitié	_____	complexité
_____	orientalisme	_____	théorie
_____	vocation	_____	collège
_____	obstacle	_____	diable
_____	bénéfice	_____	caractère
_____	peste	_____	cataclysme
_____	soirée	_____	horizon
_____	itinéraire	_____	caprice
_____	modèle	_____	printemps
_____	image	_____	menace
_____	avion	_____	litre
_____	artifice	_____	système
_____	poète	_____	collage
_____	réflexion	_____	statistique
_____	hectare	_____	solfège
_____	roseraie	_____	réalité
_____	rosaire	_____	chapitre
_____	gage	_____	honneur
_____	parti	_____	façon
_____	sacrifice	_____	chaire
_____	plage	_____	armistice
_____	choléra	_____	apostrophe

_____ grammaire   _____ siècle

_____ voie   _____ axe

_____ vertu   _____ jaunisse

_____ voyage   _____ registre

Exercice 5 Genres (6.1 à 6.5). Dans les phrases suivantes, complétez les vides pour indiquer le genre des noms (art., adj. possessif, adj. démonstratif).

1. C'est ____ morceau de musique dans ____ des modes antiques.

2. ____ guide qui nous accompagnait se promenait toujours avec ____ pendule en espérant découvrir ____ source.

3. Elle a gagné ____ deuxième manche sans difficulté.

4. Comme il est en deuil, il a mis ____ crêpe à s___ chapeau.

5. C____ acteur a ____ physique remarquable.

6. M____ médecin a étudié ____ médecine il y a 40 ans, mais heureusement il a ____ mémoire extraordinaire!

7. On a bien réussi ____ greffe du rein à c____ jeune soldat, mais c'était très cher : il a dû consacrer s____ solde de toute une année à payer ____ chirurgien.

8. Pour faire ____ omelette, il faut mettre des oeufs dans ____ poêle.

9. Il avait ____ vague à l'âme, comme beaucoup de Romantiques.

10. Je dois encore terminer m____ mémoire avant de pouvoir obtenir m____ maîtrise.

11. Vous reconnaîtrez c____ magasin à u____ enseigne immense, à ____ mode du Moyen-Age.

12. ____ tour de France vient de s'achever. ____ vainqueur a reçu ____ trophée et de magnifiques fleurs qu'il a mises dans ____ vase.

13. C____ machine marche à ____ vapeur.

14. ____ mousse va monter tout ____ haut de ____ tour : c'est plus facile que de hisser ____ voile au grand mât.

15. Après c____ manoeuvre difficile, il ira faire ____ somme.

16. Il ne reste plus qu'____ ou deux moules dans m____ assiette ; c____ bouillabaisse était superbe, mais je n'ai plus faim.

17. Dans u____ oeuvre de Balzac, on trouve presque toujours ____ description à ____ page un.

18. On représente souvent une sorcière à cheval sur ____ manche à balai.

19. Pour Halloween, les enfants américains menacent de jouer ____ tour aux gens avares.

20. C____ poème comprend seulement ____ strophe.

21. Mme de Staël était ____ écrivain célèbre.

22. Je vous présente Paul Topinambour, qui est ____ recrue remarquable pour notre régiment.

23. C____ architecte de m____ connaissance est ____ véritable crapule.

24. Le pauvre chat sera, hélas, à ____ merci ____ vétérinaire.

25. U____ des victimes les plus notoires de ____ Terreur fut Danton.

Exercice 6 Noms composés (6.6). Indiquez le genre des noms suivants.

____ bec-de-gaz   ____ arrière-boutique

____ porte-bagage   ____ sous-chef

____ lave-vaisselle

____ rez-de-chaussée

____ mi-carême

____ couvre-pied

____ sous-entendu

____ contre-temps

____ casse-noisette

____ entracte

____ pot-au-feu

____ interligne

____ coupe-papier

____ arc-en-ciel

____ wagon-lit

____ café-concert

____ tragi-comédie

____ grand-tante

____ pourparler

____ porte-fenêtre

____ parapluie

____ tête-à-tête

____ voiture-restaurant

____ femme-écrivain

____ contre-attaque

____ en-tête

7 Problèmes de nombre

7.1 Certains noms français sont toujours au pluriel. Ce n'est pas toujours le cas pour leurs équivalents anglais.

Anglais :	Français :
annals	les annales (f.)
archives	archives (f.)
art, fine arts	beaux arts (m.)
bones	ossements (m.)
catacombs	catacombes (f.)
chess	échecs (m.)
circumlocution	ambages (f.)
close relatives	proches (m.)
coat of arms	armoiries (f.)
confines, borders	confins (m.)
costs	dépens (m.)
darkness	ténèbres (f.)
downpayment	arrhes (f.)
engagement	fiançailles (f.)
entrails	entrailles (f.)
formal funeral	funérailles (f.)
funeral	obsèques (f.)
gym equipment	agrès (m.)
handcuffs	menottes (f.)
honorarium, professional fee	honoraires (m.)
mathematics	mathématiques (f.)
matins	matines (f.)
mores	moeurs (f.)
old clothes	hardes (f.)
pangs, throes	affres (f.)
parley, talks	pourparlers (m.)
people	gens (m.)
physical appeal	appas (m.)
pincers	tenailles (f.)
provisions	vivres (m.)
reprisals	représailles (f.)
ruins	décombres (m.)
shears	cisailles (f.)
spirits of ancestors	mânes (m.)

surroundings, vicinity	alentours (m.)
surroundings	environs (m.)
tears	pleurs (m.)
tongs	pincettes (f.)
vespers	vêpres (f.)
watch	aguets (m.)

Les noms français employés dans les expressions suivantes sont toujours au pluriel :

at the expense of	aux dépens de
to be on the lookout	être aux aguets
to speak straight out	parler sans ambages

7.2 Certains noms changent de sens en changeant de nombre

Singulier :	Pluriel :
une affaire	les affaires
matter, deal, lawsuit	business
une assise	les assises
foundation	criminal court
le bien	les biens
good	possessions
le ciseau	les ciseaux
chisel	scissors
la convenance	les convenances
suitability, convenience	proprieties
la course	les courses
race	errands
une eau	les eaux
water	watering spot
un effet	les effets
effect, result	personal property
le frais	les frais
coolness	expenses
le gage	les gages
token, pledge	domestic wages
un habit	les habits
formal suit, relig. habit	clothes
la jumelle	les jumelles
twin sister	binoculars
la lettre	les lettres
letter	arts & letters
	literature
la lunette	les lunettes
telescope, toilet seat	eye glasses
automobile back window	
la nouvelle	les nouvelles
short story, piece of news	news

une ouïe
  sense of hearing
	les ouïes
	  gills

la Pâque
  Passover
	les Pâques
	  Easter

la pâte
  dough
	les pâtes
	  pasta

le raisin
  grapes
	les raisins secs
	  raisins

la toilette
  outfit
	les toilettes
	  toilet, restroom

le trait
  line, feature
	les traits
	  features

la vacance
  vacancy
	les vacances
	  vacation

la vue
  sight
	les vues
	  designs
	  *avoir des vues
	  sur...*

7.3 Certains noms qui paraissent souvent pluriels en anglais, restent singuliers en français

Anglais :	Français :
acoustics	*l'acoustique*
bellows	*le soufflet*
contents	*le contenu*
directions	*le mode d'emploi*
dishes	*la vaisselle*
economics	*l'économie*
esthetics	*l'esthétique*
grapes	*le raisin*
gymnastics	*la gymnastique*
linguistics	*la linguistique*
measles	*la rougeole*
mechanics	*la mécanique*
morals	*la morale*
pajamas	*le pyjama*
pants, trousers	*le pantalon***
poetics	*la poétique*
politics	*la politique*
scales	*la balance*
stairs	*l'escalier*
stylistics	*la stylistique*

*Ainsi que tous les mots désignant des vêtements de ce genre (*le caleçon, le maillot de bain, le short, le slip*).

7.4 Certains noms, singuliers en anglais, sont généralement pluriels en français (noms collectifs)

Anglais :	Français :
advice	les conseils (m.)
applause	applaudissements (m)
canned food	conserves (f.)
fruit	fruits (m.)
furniture	meubles (m.)
hair	cheveux (m.)
seafood	fruits de mer (m.)
shares of stock	actions (f.)
shopping	courses (f.)
toast	toasts (m.)
underwear	sous-vêtements (m.)

7.5 **Usage spécial du singulier en français :** l'anglais préfère le possessif et le pluriel, le français l'article défini et le singulier :

We bent our heads. / *Nous baissâmes la tête.*
Raise your hands! / *Levez la main!*

On considère que chaque personne n'a qu'une tête, ne lève qu'une main.

Mais : Hands up! / *Haut les mains!*

De même on trouve le singulier en français alors que l'anglais met le pluriel dans des expressions telles que :

They worked all their lives. / *Ils ont travaillé toute leur vie.*
Mais : They tell their adventures. / *Ils racontent leurs aventures.*
(Ils ont chacun une vie, mais plusieurs aventures.)

EXERCICES D'APPLICATION

Exercice 1 (7.1). Composer des phrases à partir des éléments donnés.

1. falloir/verser/arrhes/avant/obtenir/armoiries

---

2. fiançailles/précéder/mariage

----

3. gens/vénérer/mânes/proches

----

4. menuisier/avoir besoin/outils/marteau/tenailles

----

5. parcourir/environs/jusqu'à/confins/province

Exercice 2 (7.2). Choisir et faire les modifications nécessaires.

1. (le raisin/les raisins) En France la culture
_____ est très répandue.

2. (le trait/les traits) Cet enfant a exactement
_____ de son père.

3. (la vacance/les vacances) Qu'est-ce que vous
avez projeté de faire pour _____?

4. (la toilette/les toilettes) Cette jeune femme
est arrivée avec _____ très élégante.

5. (Pâque/Pâques) Pour célébrer _____ on
mange traditionnellement du pain azyme, c'est-à-dire
du pain sans levain.

6. (le frais/les frais) C'est lui qui a fait _____
_____ de ce mariage.

7. (la nouvelle/les nouvelles) Nous étions désolés
d'apprendre _____ que votre petit garçon
était tombé malade.

8. (gage/gages) Nous lui envoyons ce petit jeu en
_____ d'affection.

Exercice 3 (7.1, 7.3, 7.4 et 7.5). Complétez en choisissant parmi les mots énumérés dans ces paragraphes.

1. Les étudiants qui veulent devenir diplomates devraient étudier _____ et _____.

2. Par contre, ceux qui veulent devenir écrivains devraient étudier _____, _____ et _____.

3. Avant d'aller les coucher les mères occidentales mettent _____ à leurs enfants.

4. Au bord de la mer, on aime manger _____ _____.

5. Pour mieux apprécier la peinture et _____ _____ dans les musées, il est bon de connaître _____ des peintres.

6. Je n'avais plus rien à manger, c'est pourquoi j'ai dû faire _____, j'ai acheté _____ _____ (des pommes et des fraises), _____ __ (du thon et des potages préparés) et du pain de mie pour me faire _____ le matin.

7. Aux Jeux Olympiques d'hiver, il a gagné _____ _____ de vitesse en patin à glace en suivant _____ de son entraîneur. Nous avons suivi cette épreuve de loin, grâce à nos _____.

DEUXIÈME PARTIE : LA PHRASE

Ayant identifié divers problèmes de mots, nous allons maintenant procéder à l'élaboration de la phrase. Les tout premiers problèmes concernent les accords : accords entre le nom et l'adjectif dans le groupe nominal, accord entre le nom et le verbe dans le groupe verbal. Pour le développement du groupe nominal et du groupe verbal, nous examinerons ensuite les problèmes liés à l'ordre des mots au sein de chaque groupe. Enfin, nous travaillerons le lien entre les diverses parties de la phrase (prépositions, conjonctions, relatifs).

8 Le groupe nominal

8.0 Introduction. Le groupe nominal consiste du nom et des éléments qui le caractérisent : articles (définis et indéfinis), partitifs et adjectifs (qualificatifs, démonstratifs, possessifs, indéfinis).

8.1 Problèmes d'accord. En règle générale, les articles et adjectifs, ainsi que les participes utilisés comme adjectifs, s'accordent en genre et en nombre avec les noms et pronoms auxquels ils se rapportent :

ce grand romancier anglais
cette grande romancière anglaise
ces grandes romancières anglaises

Son petit frère est triste.
Ses petits frères sont tristes.

Celui que vous me montrez est surprenant.
Ceux que vous me montrez sont surprenants.

8.1.1 Catégories d'adjectifs invariables. Un certain nombre d'adjectifs restent invariables. Ce sont les préfixes-adjectifs des noms et adjectifs composés, les adjectifs de couleur, les adjectifs employés comme adverbes et quelques expressions adjectivales.

81

8.1.2 Adjectifs composés. Dans les adjectifs composés, le premier adjectif reste invariable s'il est utilisé comme préfixe (*demi-, anglo-, franco-, indo-, mi-, semi-,* etc.).

> *les relations franco-américaines*
> *des maisons demi-construites*
> *les langues indo-européennes*

De même, dans les noms composés à partir des adjectifs *demi, nu, semi,* etc. l'adjectif reste invariable :

> *une demi-heure, un enfant nu-pieds*

8.1.3 Adjectifs de couleur. Les adjectifs de couleur qui sont des noms à l'origine, et qui signifient «de la couleur de» (par exemple : *orange, marron, cerise, puce,* etc.) sont invariables, sauf *rose, pourpre* et *écarlate.*

> *Il a les cheveux bruns et les yeux marron.*
> *Elle porte des vêtements roses et gris avec des souliers cerise.*

Les adjectifs de couleur composés (d'un adjectif et d'un nom ou de deux adjectifs) et qui signifient *d'une couleur claire, foncée,* etc. restent invariables.

> *J'ai acheté des chaussettes bleu foncé et une robe vert pâle.* (C'est-à-dire *d'un bleu foncé, d'un vert pâle* — *foncé* s'accorde avec *bleu*)

8.1.4 Les adjectifs *chic, impromptu, kaki* et *snob* restent toujours invariables.

> *une visite impromptu, des gens chic, une veste kaki*

8.1.5 Adjectifs employés comme adverbes. Les adjectifs employés comme adverbes restent invariables. C'est le cas de *haut, plein* et *fort,* pour citer les principaux :

> *Haut les mains! Elle a de l'argent plein les poches.*
> *Elle était fort contente.*

Tout est souvent utilisé comme adverbe (dans le sens de *entièrement*). Il reste invariable, sauf quand il

précède un mot féminin commençant par une consonne ou
un *h* aspiré. Il s'accorde alors phonétiquement avec
l'adjectif qui suit. Ainsi :

Ils sont tout contents.
Jeanne est tout étonnée.
Elles étaient toutes honteuses et toutes tristes.

8.1.6 Les expressions adjectivales *ci-joint*, *ci-
inclus*, *bon marché*, et *meilleur marché* restent invariables, ainsi que les expressions participiales *y
compris*, *supposé*, *passé*, *soi-disant* :

*Veuillez trouver ci-joint trois lettres de recom-
mandation.*
*Ces médicaments étaient meilleur marché que les
autres.*

8.1.7 Genres différents au singulier et au pluriel.
Certains noms ont un genre différent au singulier et
au pluriel :

un amour, mais *leurs premières amours* (on trouve
aussi le masculin pluriel)
un délice, mais *des délices infinies*
un orgue, mais *de grandes orgues* (féminin au
pluriel)

Gens est toujours pluriel en français moderne. Les
adjectifs qui suivent ce nom sont masculins, mais
ceux qui le précèdent sont féminins :

*des gens intéressants, de vieilles gens, les
petites gens*

8.1.8 Genre des attributs d'apposition. Un attribut
ou une apposition sont parfois d'un genre différent
de celui du sujet. Dans ce cas, un adjectif qui qualifie l'attribut ou l'apposition doit s'accorder avec
ce nom :

*Colette est un auteur fort apprécié du public con-
temporain.*

Apprécié s'accorde avec *un auteur*, bien que *Colette*
soit un nom féminin.

8.1.9 «Nous, vous». L'adjectif se rapportant au
vous de politesse (qui ne désigne qu'une personne)
reste au singulier. De même, l'adjectif modifiant le

nous de modestie («editorial we») ; cependant, le
féminin se marque :

> *Vous êtes seul à le comprendre, Monsieur.*
> *Nous sommes persuadé(e) que cela ne signifie rien.*

8.1.10 Adjectifs modifiant plusieurs noms. Si les
noms sont de genres différents, les adjectifs doivent
se mettre au masculin pluriel. Dans ce cas, il est
préférable de mettre le nom masculin à côté de
l'adjectif masculin pluriel :

> *des expressions (f.) et des verbes (m.) descrip-*
> *tifs (m. pl.)*

Cependant, on peut trouver quelquefois l'accord
seulement avec le nom le plus rapproché :

> *un certificat de bonne vie et moeurs*

Bonne s'accorde avec *vie*, bien que *bonne* qualifie
aussi *moeurs*. Comme ces variations sont assez sub-
tiles, il est préférable de s'en tenir à la règle
générale, qui est de faire accorder le ou les adjectifs avec le ou les noms qu'ils modifient.

8.1.11 «Possible». Après un superlatif l'adjectif
possible reste invariable :

> *les plus sales possible*
> *les meilleurs plats possible*
> (c'est-à-dire, *qu'il est possible d'imaginer*)

Mais on écrit : *tous les malheurs possibles...* (ce
n'est pas le superlatif).

8.1.12 «Avoir l'air». Avec l'expression *avoir*
l'air, on peut faire accorder l'adjectif qualificatif
avec le sujet ou avec *l'air* :

> *Elle a l'air furieux. (= elle a une mine furieuse)*
> *Elle a l'air furieuse. (= elle paraît furieuse)*

Ainsi, quand l'adjectif se rapporte directement à la
mine, l'accord se fait avec *l'air*; autrement, *avoir*
l'air est synonyme de *paraître* ou *sembler*, se réfère
à l'apparence totale du sujet, et l'accord se fait
avec le sujet :

> *Cette cafétéria a l'air bondée.*

8.1.13 «Chose, personne». *Une personne, une chose* (noms) sont suivis d'un adjectif féminin, mais *personne, quelque chose* (pronoms indéfinis) sont suivis de *de* et d'un adjectif masculin :

une chose intéressante, quelque chose d'intéressant

8.2 Ordre des mots dans le groupe nominal. En général, le groupe nominal est construit de la façon suivante : déterminant (article, adjectif démonstratif, possessif, indéfini) + nom + adjectif qualificatif.

un jour magnifique
mes livres anciens
certaines recettes américaines

De nombreuses variations existent cependant, surtout en ce qui concerne la place des adjectifs.

8.2.1 Adjectifs postposés. La grande majorité (80%) des adjectifs qualificatifs français sont postposés, c'est-à-dire placés après le nom qu'ils qualifient. Ceci est particulièrement le cas :

—des adjectifs indiquant la couleur ou la forme :

un cahier bleu	a blue book
une fleur jaune vif	a bright yellow flower
des pièces carrées	square rooms

—des adjectifs donnant des précisions géographiques:

une ville française	a French city
des pommes de terre lyonnaises	Lyonnaise potatoes
un climat méridional	a Southern climate

—des adjectifs tirés de participes :

des parents âgés	aged parents
des problèmes croissants	growing problems
un contraste intéressant	an interesting contrast

—des adjectifs exprimant des qualités physiques, occasionnelles ou accidentelles :

un train rapide	a fast train
un chien maigre	a lean dog

un homme fou	a mad man
un esprit malade	a sick mind

—des adjectifs tirés de noms propres et ceux qui indiquent une qualité religieuse, sociale, technique, etc. :

une société bourgeoise	a bourgeois society
un roi catholique	a Catholic king
des principes dynamiques	dynamic principles

Alors que beaucoup d'autres adjectifs normalement postposés peuvent être antéposés pour des effets de style (voir ci-dessous 11.5.2.4), les adjectifs des catégories que nous venons de mentionner restent presque toujours postposés.

8.2.2 Adjectifs antéposés. Sont généralement antéposés les adjectifs courts et courants, les adjectifs ordinaux et les adjectifs dénotant une qualité inhérente :

aucun	*jeune*
autre	*joli*
beau (bel + voyelle)	*long*
bon	*mauvais*
demi	*petit*
gentil	*tout*
grand	*vieux (vieil +*
gros	*voyelle)*
haut	

Adjectifs ordinaux :

la neuvième symphonie
les premières pages
premier, deuxième, second, etc.

On a tendance à placer avant le nom les adjectifs courts (d'une ou deux syllabes), surtout s'ils qualifient un nom polysyllabique :

un bel embouteillage
un bref interlude
une haute température

Pour des effets de style, ou pour en modifier le sens, on peut cependant, dans presque tous les cas, les placer aussi après. Mais certains changent de sens suivant leur position.

8.2.3 Adjectifs les plus courants qui changent de sens suivant leur position

ancien
    l'ancienne Chambre = the former Chamber
    un bâtiment ancien = an old building (sens propre)
brave
    un brave homme = a good man
    un homme brave = a brave man (sens propre)
certain
    une certaine idée = a certain idea
    un échec certain = a sure failure (sens propre)
cher
    ma chère Renault = my beloved Renault
    une Renault chère = an expensive Renault (sens propre)
dernier
    le dernier métro = the last subway (sens absolu)
    l'année dernière = last year (sens relatif)
différent
    différents pays (pluriel, sans article) = various countries
    des pays différents = countries that are different (sens propre)
digne
    une digne conclusion = a worthy conclusion
    une dame digne = a dignified lady (sens propre)
faux
    une fausse excuse = a false excuse (sens propre)
    une personne fausse = an untruthful person
grand
    un grand écrivain = a great writer
    un homme grand = a tall man (sens physique)
maigre
    un maigre repas = a meager meal
    un repas maigre = a meatless meal (sens propre)
même
    le même jour = the same day
    le jour même = the very day
    moi-même = myself
méchant
    un méchant cheval = a second-rate horse
    un cheval méchant = a nasty horse (sens propre)
nouveau
    un nouveau complet = a brand-new suit
    une robe nouvelle = a new style dress
pauvre
    le pauvre petit = the poor thing, the pitiful child

   une dame pauvre = a poor lady, impecunious (sens
      propre)
propre
   son propre livre = his/her own book
   un plat propre = a clean platter (sens propre)
sale
   un sale bonhomme = a nasty guy
   une assiette sale = a dirty plate (sens propre)
seul
   un seul homme = only one man
   un homme seul = a lonely man
simple
   une simple question = just a question
   une question simple = a simple, easy question
      (sens propre)
triste
   un triste personnage = a contemptible person
   une histoire triste = a sad story (sens propre)

On voit donc dans cette liste que l'adjectif a son
sens propre s'il est à sa place normale et un sens
figuré ou subjectif s'il est déplacé.

**8.2.4 Facteurs divers influençant la place de
l'adjectif.** En plus des rapports énumérés ci-dessus,
il faut aussi tenir compte des facteurs suivants :

—Le sens spécifique ou distinctif pour l'adjectif
postposé, sens implicite pour l'adjectif antéposé :

   Il la regarda d'un air tragique. (Il n'a pas tou-
      jours l'air tragique, mais il l'eut dans cette
      circonstance particulière)
   un tragique décès (*tragique* est pratiquement impli-
      cite dans le nom *décès*)
   Elle franchit un espace étroit. (Un espace n'est
      pas forcément étroit)
   Il était enfermé dans une étroite cellule. (Une
      cellule est implicitement étroite)

—L'équilibre phonique et rythmique de la phrase:

   des afflictions si sérieuses est préférable à *de si
   sérieuses afflictions* (Avec la liaison, on doit
      prononcer /serjøzzafliksjõ/ qui n'est pas très
      euphonique.)
   la courte interruption hebdomadaire est préférable
   à *l'interruption hebdomadaire courte*, parce que
      le nom est ainsi placé entre deux qualificatifs
      de sens spécifique.

—Quand l'adjectif est suivi d'un complément, il doit être postposé :

un film long comme un jour sans pain

—Quand deux ou plusieurs adjectifs sont coordonnés, ils sont souvent postposés :

un roman réaliste, long et détaillé

—Pour réaliser des effets de style, pour mettre en valeur certains qualificatifs, on modifie la place normale des adjectifs :

> *Inerte, il restait là où il était tombé.* (Plus expressif que l'ordre normal : *il restait inerte là où...*)
> *Les secs rameaux qui pendaient se balançaient au vent.* (Plus poétique que : *les rameaux secs...*)

8.2.5 L'anglais «first, next, last» + adjectif numéral + nom. L'ordre en français est différent, comme suit :

les six premiers jours	the first six days
les quelques dernières années	the last few years
les trois prochains mois	the next three months

Les adjectifs *premier* et *dernier*, s'ils sont employés avec un adjectif numéral ou indéfini, se placent après cet adjectif et avant le nom.
Cependant, avec d'autres adjectifs qualificatifs, *premier* et *dernier*, ainsi que l'adjectif *seul*, précèdent cet adjectif s'il est antéposé, ou précèdent seulement le nom :

les premiers grands froids	*les premiers jours chauds*
les derniers beaux jours	*les dernières feuilles jaunies*
la seule petite difficulté	*le seul homme intelligent*

8.2.6 L'anglais «to» («with», etc.) + «one another»

to (with, etc.) one another	*l'un à (avec, etc.) l'autre*

8.2.7 «Tout et tel». Comme dans l'expression anglaise *all the time*, l'adjectif *tout* est placé avant l'article :

tous les jours   tout le temps
tout un chapitre   toute la matinée

Quelques rares exceptions : *Le tout-Paris, le Tout-Puissant.*
Par contre, *tel* suit l'article, alors que l'anglais dit : *such a thing.*

un tel homme   such a man
de tels hommes   such men

•Attention : avec un adjectif qualificatif, on n'emploie pas *tel* mais *si* ou *aussi* :

de si grands problèmes   such great problems
des hommes aussi influents   such influential men
    que   as

8.2.8 Superlatif. L'adjectif garde sa place au superlatif, d'où un ordre de mots souvent différent de l'anglais :

un beau poème   le plus beau poème
                                (adj. antéposé)
une scène remarquable   la scène la plus
                                remarquable (adj.
                                après)

Attention à la répétition nécessaire de l'article dans le deuxième cas.

Remarquez également qu'en français l'article défini est toujours utilisé avec le superlatif, et non l'article indéfini. Pour traduire *a most remarkable man* on peut avoir *un homme très remarquable* ou *un homme des plus remarquables.*

8.2.9 Modifications de l'adjectif en français. Pour modifier un adjectif, on utilise un adverbe, placé avant l'adjectif :

C'est une bien jolie petite plage. (*bien* modifie *jolie*)

8.3 Développement du groupe nominal. Les adjectifs sont une des façons les plus directes de qualifier et caractériser un nom. Mais il existe d'autres moyens, en particulier : les appositions, les groupes prépositionnels, les propositions relatives, et les propositions participes.

8.3.1 Les appositions. Pour caractériser un nom, on peut utiliser l'apposition, entre virgules et sans article :

Washington, capitale des Etats-Unis, est située au bord du Potomac.
La Loire, fleuve aujourd'hui ensablé, a longtemps été navigable.

8.3.2 Les groupes prépositionnels. On peut souvent caractériser un nom par un autre nom ou un verbe à l'infinitif. Dans le premier cas, la préposition *de* est la plus courante. Elle exprime l'appartenance, la composition, la quantité, la manière, le temps, la cause, l'origine, le lieu :

le livre de mon ami
un manuel de rhétorique
un chemin de forêt
une heure de travail
une bouteille de lait
une guerre de religion

La préposition *à* exprime généralement la caractéristique, le but ou la destination. Avec un infinitif, le verbe est généralement pris dans un sens passif :

un moulin à café
un moteur à vapeur
un article à rédiger

Distinguez bien les compléments de nom (indéterminés) introduits par *de* sans article des groupes prépositionnels déterminés introduits par *de* + article défini (*du, de l', de la, des*) :

une maison de maître, un verre d'eau,
* une atmosphère d'usine, l'hôtel de ville*
la maison des maîtres, le verre du petit,
* l'atmosphère de l'usine, un hôtel de la ville*

Les compléments de nom français ont la fonction
d'ajectifs en anglais (*l'hôtel de ville = the town
hall*).

D'autres expressions nominales sont formées avec la
préposition *en*, qui indique la matière, la manière ou
le lieu :

> *un buste en bronze*
> *le céleri en branches*
> *un pique-nique en plein air*

Enfin, les groupes prépositionnels formés à partir
des prépositions *avec* ou *sans* sont relativement fréquents :

> *un jour sans soleil*
> *une chambre avec balcon*

8.3.3 Les propositions relatives. En l'absence
d'adjectif ou de complément de nom, une proposition
relative peut qualifier un nom :

> *Cet ouvrage, qui se vendit très largement, parut en
> 1955.*
> *Les feuilles, qui se flétrissent rapidement,
> poussent de manière alternée sur la tige.*
> *Son costume, que personne ne remarquait, sortait du
> placard de sa mère.*

**8.3.4 Les propositions participes : le participe
présent.** Le participe présent remplace souvent et
avantageusement la proposition relative introduite
par *qui* dont le verbe a un sens actif :

> *Les magasins restant ouverts le dimanche sont rares
> dans les petites villes de France. (= qui restent
> ouverts)*

•Remarquez que le participe présent utilisé de
cette façon reste invariable (pour les accords du
participe présent, voir 9.1.8)

**8.3.5 Les propositions participes : le participe
passé.** Le participe passé peut aussi remplacer avantageusement la proposition relative introduite par
qui dont le verbe est passif ou la proposition introduite par *que* si l'on en prend le verbe au sens passif :

Les marchandises expédiées avant-hier sont bien arrivées. (= qui ont été expédiées)
L'argument développé par le conférencier est fort valable. (= que le conférencier a développé, ou qui a été développé par le conférencier)

•Remarquez que le participe passé utilisé ici comme un adjectif s'accorde avec le sujet (pour les accords du participe passé, voir 9.1.9)

EXERCICES D'APPLICATION

Exercice 1 Le groupe nominal (8.1 et 8.2). Faites des expressions nominales avec un déterminant, en mettant l'adjectif à la place et à la forme convenables.

1. sexe/masculin _____

2. règle/ premier _____

3. mère/autre _____

4. adolescence/fiévreux _____

_____

5. occupation/allemand _____

_____

6. idée/moindre _____

7. brûlure/profond _____

8. oiseau/empaillé _____

9. fête/juif _____

10. caractéristique/régional _____

_____

11. listes/long/alphabétique _____

_____

12. championne/troisième/allemand _____

_____

13. critère/seul/utile _____

_____

14. garçons/joli/bronzé _____

_____

15. chapitre/premier/important _____

Exercice 2 Compléments de nom (8.2 et 8.3).
Composez des groupes nominaux à partir des éléments donnés en utilisant des articles définis.

Exemple : livre/professeur (+ étourdi)
          le livre du professeur étourdi

1. part/diable (+ grand) _____

----

2. page/mémoire (+ dernier) _____

----

3. manche/jeu (+ deuxième) _____

----

4. mode/capitale (+ seul) _____

----

5. pendule/mairie (+ nouveau) _____

----

6. vapeur/machine (+ vieux) _____

----

7. calendrier/événements (+ important) _____

----

8. boutique/crémier (+ célèbre) _____

----

9. vitrine/marchand (+ chaussures) _____

----

10. voix/cantatrice (+ meilleur) _____

----

11. style/élève (+ mauvais) _____

----

12. réponse/candidat (+ pauvre) _____

----

13. égalité/résultats (+ parfait) _____

----

14. rôle/maîtresse (+ primordial)_____

---

15. mule/pape (+ fameux) _____

Exercice 3 Compléments de nom (8.3). Composez des groupes nominaux à partir des éléments donnés en utilisant des articles indéfinis. Attention, l'adjectif entre parenthèses peut modifier le premier ou le second nom.

1. corps/métier _____

2. soif/affection _____

3. foudre/guerre _____

4. faim/loup _____

5. remède/femme (+ bon)_____

6. recueil/sonnets (+ beau) _____

7. essai/vol (+ récent) _____

8. faute/goût (+ grave) _____

9. histoire/fous (+ véritable) _____

10. écran/cinéma (+ grand) _____

11. bouteille/eau (+ frais) _____

12. curé/campagne (+ savant) _____

13. après-midi/printemps (+ beau) _____

14. avion/chasse (+ vieux) _____

15. pilote/ligne (+ aérien) _____

16. pied/cochon (+ gras) _____

17. tas/poussière (+ gros) _____

18. clef/contact (+ petit) _____

19. incendie/forêt (+ étendu) _____

20. prison/droit (+ commun) _____

21. champ/maïs (+ hybride) _____

22. billet/classe (+ premier) _____

23. mort/héros (+ vrai) _____

24. vague/chaleur (+ étouffant) _____

25. livre/beurre (+ salé)_____

Exercice 4 Article indéfini (8.3.2). Composez des groupes nominaux à partir des éléments donnés, en ajoutant la préposition qui convient (*à, de, en, avec, sans*).

1. corde/sauter _____
2. poêle/frire _____
3. repas/dessert _____
4. sucre/glacer _____
5. scène/décor _____
6. machine/écrire _____
7. moule/tarte _____
8. pot/lait _____
9. pompe/essence _____
10. chambre/deux lits _____
11. perruque/porter _____
12. mouton/tondre _____
13. dictionnaire/exemples _____
14. pelouse/arroser _____
15. chapitre/lire _____
16. devoir/rédiger _____
17. course/gagnants _____
18. victime/délivrer _____
19. passage/analyser _____
20. bouteille/étiquette _____
21. histoire/français _____
22. robe/coton (fin) _____
23. chapeau/feutre (terne) _____
24. statue/marbre (blanc) _____
25. arrêt/route (imprévu) _____
26. homme/colère (pauvre) _____
27. poème/prose (petit) _____
28. chapelle/question (roman) _____
29. enfants/langes (nouveau-né) _____
30. question/grec (classique) _____
31. romance/paroles _____

Exercice 5 Caractérisation par les participes (8.3.4. et 8.3.5). Faites des groupes nominaux en caractérisant les noms indiqués au moyen de participes.

Exemple : Le monsieur/qui est arrivé hier...
Le monsieur arrivé hier...

1. La photo/que nous avons prise à la plage...

_____

_____

2. Les enfants/qu'on a choisis pour le concours...

_____

3. Les étoiles/qui paraissent dans le ciel...

_____

4. Les étoiles/que l'on voit dans ce téléscope...

_____

5. Les jeunes filles/qui aiment la musique...

_____

6. Les termes/que l'on met au début de la phrase...

_____

7. Le miroir/que l'on tient à la main...

_____

8. Certaines expressions/qui introduisent des restrictions...

_____

9. Une citoyenne/qui se promenait le long du quai...

_____

10. Le tigre/qui avait été capturé dans le parc...

_____

_____

9 Le groupe verbal

9.0 Introduction. Le groupe verbal se compose du verbe et des adverbes qui le modifient.

9.1 Problèmes d'accord. En règle générale, le verbe s'accorde en nombre avec le sujet :

Je suis.
Les hommes pensent.
Nous sortons.

L'accord en genre concerne les temps composés et les participes passés et est expliqué en détail ci-dessous.

9.1.1 Plusieurs sujets. Si un verbe a plusieurs sujets, il se met au pluriel. Si les sujets sont de personnes différentes, la 1ère personne a la priorité sur les autres, et la 2e a la priorité sur la 3e. On résume souvent les sujets par le pronom pluriel qui représente l'accord du verbe :

Mon frère et moi sommes partis.
(mon frère [3e *sing.*] *et moi* [1e *sing.*]*, nous* [1^{e}
  pl.] *sommes partis).*
Alice [3e]*, tes parents* [3e] *et toi* [2e]*, vous* [2^{e}
  pl.] *serez heureux de rentrer.*

9.1.2 Accord du verbe avec les noms collectifs. En anglais, particulièrement en anglais britannique, certains noms collectifs sont suivis de verbes au pluriel (*the council, the party, the committee, the police, the faculty,* etc.). En français, par contre, l'accord en nombre est strictement observé; si le sujet est singulier, le verbe se met aussi au singulier :

la police arrive, le comité a décidé, le conseil se
  réunit

9.1.3 Accord du verbe avec les expressions de quantité. Si le sujet est précédé d'une expression désignant une quantité plurielle (*beaucoup de, bien des, une grande partie des, la majorité des, nombre de, la plupart des, le reste des, la moitié des, le tiers des*, etc.) le verbe est au pluriel :

Beaucoup de personnes s'enfuient.
La plupart des étudiants dorment.

Le verbe reste au pluriel même si le complément de nom est omis :

la plupart dorment, beaucoup sortiront, une multitude furent

9.1.4 Accord du verbe avec les pronoms impersonnels. Le verbe est au singulier après des sujets tels que *chacun, rien, tout le monde, personne, aucun, nul, l'un* ou *l'autre* :

Personne ne le sait. Chacun fera son travail.

Si le sujet est *l'un* ou *l'autre* ou *ni l'un ni l'autre*, le verbe peut être au singulier ou au pluriel.

9.1.5 Accord du verbe avec les noms propres. Avec les noms propres, on utilise *les* devant le nom propre qui reste intact, et le verbe est au pluriel :

Les Durand s'installent ici.

9.1.6 Accord du verbe avec les expressions impersonnelles. Dans les expressions impersonnelles dont le sujet est *il*, le verbe est au singulier :

Il se trouve des gens ici qui...
Il reste trois chapitres à expliquer.
Il était une fois sept nains...
 Once upon a time, there were seven dwarfs...

9.1.7 Les présentatifs «c'est» et «il y a». Avec l'expression présentative *c'est*, le verbe est au singulier si l'attribut est *nous* ou *vous*, mais s'écrit au pluriel avec *eux, elles*, ou des noms attributs :

C'est nous qui sommes en avance. Ce sont eux qui sont anglais.

Mais dans la langue familière, on trouve souvent :
c'est eux.

•Attention au verbe *avoir* dans l'expression *il y a.*
Le sujet *il* est toujours singulier :

Il y avait des centaines d'étudiants sur la place.

9.1.8 Accord des participes présents. Quand le
participe présent a la valeur d'un verbe, il reste
invariable :

*Ces dames, passant (= qui passaient) devant chez
moi, sont venues me dire bonjour.*

Quand le participe présent est précédé de *en* (gérondif), il est toujours invariable :

Elle est arrivée en courant.

Quand le participe présent a la valeur d'un adjectif,
il s'accorde en genre et en nombre avec le nom qu'il
qualifie :

Elle est arrivée haletante.
*Avec les indications suivantes, vous trouverez
facilement.*

•Remarque : le participe présent devient parfois un
nom ; comme tel, il est également variable (*les étudiants, les passants, les suppliants,* etc.).

**9.1.9 Accord des participes passés : verbes intran-
sitifs (sans complément direct).** Le participe passé
des verbes intransitifs s'accorde, aux formes compo-
sées, en genre et en nombre avec le sujet du verbe :

Ils sont arrivés.
Jeanne et vous êtes sorties.
La reine était morte.

•Rappel : il s'agit des verbes :

aller	*partir*
apparaître	*parvenir*
arriver	*rester*
devenir	*revenir*
entrer	*tomber*
mourir	*venir*
naître	

Les verbes suivants peuvent être employés transitivement et intransitivement ; ils appliquent la règle d'accord qui gouverne leur usage :

descendre   *rentrer*
monter   *retourner*
passer   *sortir*

Exemples :
Les enfants sont rentrés. (intransitif)
Les domestiques avaient rentré tous les fauteuils.
  (transitif)
Nous étions retournés chez nous. (intransitif)
Elles avaient retourné leur feuille d'examen.
  (transitif)

•Le verbe *paraître* se conjugue normalement avec l'auxiliaire *avoir* : l'auxiliaire *avoir* est toujours utilisé si le sujet est une personne, mais si le sujet est une chose, on conjugue le verbe avec *être* si on met l'accent sur le résultat de l'action :

Son livre est déjà paru.

9.1.10 Accord des participes passés pour les verbes utilisés à la voix passive (conjugués avec «être»). Le participe passé de tout verbe utilisé à la voix passive s'accorde en genre et en nombre avec le sujet :

Ces livres sont publiés à Paris.
Cette pièce a été écrite au dix-septième siècle.

•Attention : le verbe auxiliaire *être*, lui-même conjugué avec le verbe *avoir*, garde toujours la forme invariable *été* dans les temps composés.

9.1.11 Accord des participes passés pour les verbes conjugués avec «avoir». Dans le cas des verbes conjugués avec l'auxiliaire *avoir*, le participe passé s'accorde en genre et en nombre avec le complément d'objet direct seulement si celui-ci précède le verbe. Il n'y a pas d'accord avec le sujet.

Nous avons tous couru.
Elles ont pris leurs affaires. (pas d'accord)

L'objet direct précède le verbe dans les trois cas suivants :

1. L'objet direct est le pronom relatif *que* (rarement *lequel*, etc.) :

> *Ce sont les affaires qu'elles ont prises.* (*Qu'* remplace *les affaires*, donc *prises* est au féminin pluriel)

2. L'objet direct est le pronom personnel *la*, *les*, *nous*, *vous*, etc.:

> *Je les ai vues. Tu l'as comprise. Nous t'avions oubliée.*

3. L'objet direct est une interrogation ou une exclamation qui comporte une forme de *quel* ou *lequel*:

> *Quelle belle ville nous avons visitée!*
> *Laquelle avez-vous préférée?*

9.1.12 Accord des participes passés des verbes pronominaux. Bien que les verbes pronominaux se conjugent avec *être*, les règles d'accord du participe passé sont les mêmes que celles qui s'appliquent aux verbes conjugués avec *avoir* : le participe passé s'accorde seulement avec un objet direct qui précède le verbe. Il se trouve que dans beaucoup de cas le pronom réfléchi est l'objet direct (donc à la même personne que le sujet), mais il ne faut pas confondre sujet et objet :

> *(1) Elle se lave.*
> *(2) Elle se lave les mains.*

Dans l'exemple (1) l'objet direct est *se* : elle lave quoi? — elle lave elle-même, c.a.d., *se*. Dans l'exemple (2) l'objet direct est *les mains*. Donc *se* (à elle) devient l'objet indirect. L'équivalent du double accusatif n'existe pas en français.

A un temps composé, ces phrases deviennent donc :

> *(1) Elle s'est lavée.*
> *(2) Elle s'est lavé les mains.*

•Attention : si on remplace *les mains* par le pronom personnel objet, on a :

> *Elle se les est lavées.*

Il faut donc bien analyser la phrase pour déterminer l'objet direct.

Si l'objet direct n'est pas aussi évident que *les mains*, il faut examiner la forme non réfléchie du verbe. Si le verbe se construit avec une préposition à la forme active, le pronom réfléchi n'est probablement pas l'objet direct à la forme réfléchie :

parler à quelqu'un
(dans *se parler, se* est l'objet indirect, on ne fait donc pas d'accord)
demander à quelqu'un
(dans *se demander, se* est l'objet indirect, on ne fait donc pas d'accord)
trouver quelqu'un
(dans *se trouver, se* est l'objet direct, on fait donc l'accord)

Exemple : *Ils se sont retrouvés au cinéma et se sont demandé s'il fallait aller voir ce film-là.*

9.1.13 Groupes de deux ou plusieurs verbes. Dans un certain nombre de cas, deux verbes sont utilisés ensemble. La règle absolue en français est que le deuxième verbe doit être à l'infinitif, le premier seul se conjugue :

Il croyait rêver.
J'ai pu partir.
Elle a laissé faire ceci.

En ce qui concerne le premier verbe et l'accord de son participe passé, l'usage traditionnel est que si l'objet du premier verbe est aussi le sujet du second le participe passé du premier verbe s'accorde :

J'ai vu passer les enfants.
Je les ai vus passer.

Les est l'objet de *ai vu* mais c'est aussi le sujet de *passer*. Cependant, l'accord ne se fait pas si l'objet du premier verbe n'est pas le sujet du second :

J'ai entendu chanter cette chanson.
Je l'ai entendu chanter.

L' est l'objet de *ai entendu* mais n'est pas le sujet de *chanter*.
L'usage contemporain est pourtant assez incertain, et les Français eux-mêmes se permettent de nombreux écarts. Il est donc autorisé de ne pas se préoccuper de l'accord dans ces cas-là.

•*Faire* + autre verbe : le participe passé de *faire* causatif reste toujours invariable :

C'est la maison qu'il a fait construire.
Voilà la jambe que je me suis fait opérer.

•Attention : Les phrases contenant un pronom objet atone (précédant le verbe) sont souvent sources d'erreur, car on tend à vouloir faire accorder le verbe avec le pronom objet plutôt qu'avec le sujet :

Les paysans [S] *nous* [O] *ont laissé* [V] *chercher notre chemin.*
Les douaniers [S] *vous* [O] *avaient* [V] *fait attendre.*

N'écrivez jamais : «les paysans nous avons demandé ...» ou «Les douaniers vous aviez fait...», formes qui sont incorrectes.

9.2 Développement du groupe verbal. La modification du groupe verbal se fait au moyen d'adverbes ou de locutions. Ces modificateurs indiquent surtout la négation, la manière, le temps ou la périodicité, le lieu, la cause, la relativité, une concession ou restriction. Ils expriment donc les réponses aux questions *comment? quand? où? pourquoi? combien?* etc.

9.2.1 Les adverbes. Ceux-ci sont (1) des mots invariables souvent courts (*peu, très, trop, bien, mal, vite, tard, tôt,* etc.), (2) des adverbes terminés en -*ment* et formés sur des adjectifs (*rapidement, bonnement, heureusement,* etc.) (cf. 5.1.1), et (3) des adjectifs employés comme adverbes et donc invariables (*haut, bas, fort, juste, clair, plein, bon, mauvais, lourd,* etc., cf. 8.1.5).

9.2.2 Les locutions prépositionnelles. On modifie aussi les verbes à l'aide d'expressions formées à partir de noms et d'adjectifs et des prépositions *de, en, par, avec, sans,* etc. :

> *avec intérêt, sans élégance, de force, de façon inutile, par hasard*

Ces locutions existent parallèlement aux véritables adverbes (*malheureusement/par malheur; inutilement/de façon inutile*) ou quand l'adverbe fait défaut (*par intérêt*). Comme les longs adverbes en -*ment* sont en général considérés peu élégants, on préfère souvent la locution.

9.3 Place des adverbes. En règle générale, l'adverbe se place à côté du ou des mots qu'il modifie. L'adverbe qui modifie un verbe se place après le verbe si celui-ci est à un temps simple :

Ils regardent seulement ; ils n'achètent rien.
They just look ; they buy nothing.

Cependant si le verbe est à l'infinitif, un adverbe de manière court est souvent placé avant le verbe :

Bien manger est un grand plaisir.
To eat well is a pleasure.

Pour bien manger, allez en France.
To eat well, go to France. (voir 12.13)

Ceci est surtout vrai des adverbes *bien, mal, vite* et autres adverbes de manière courts. Ce n'est pas le cas des adverbes de temps. Autrement, l'adverbe est placé après le verbe à l'infinitif :

Pour étudier intelligemment...
Avant de partir bruyamment...

L'adverbe est placé entre l'auxiliaire et le participe passé si le verbe est à un temps composé, ou entre le verbe conjugué et l'infinitif si deux verbes se suivent :

Ils ont aussi couru.
They also ran.

Ils peuvent bien courir.
They can run well.

Cependant pour des raisons d'euphonie ou d'insistance, on peut aussi trouver l'adverbe après le participe passé ou l'infinitif complément :

Il est entré précipitamment. (adverbe long)
He rushed in.

Je préfère travailler lentement.
I prefer to work slowly.

Observez la position de l'adverbe négatif *ne...pas* dans les cas suivants:

Tu ne travailles pas. Tu n'as pas travaillé.
Ne travailles-tu pas? N'as-tu pas travaillé?
Ne pas travailler est parfois agréable.
On peut ne pas travailler le samedi. (C'est une option, on peut travailler ou ne pas travailler.)
On ne peut pas travailler au gymnase. (Il n'est pas possible d'y travailler.)

Les autres adverbes négatifs (*ne...plus, ne... point, ne...jamais, ne...guère*) se placent de la même façon.

Comme en anglais, on peut déplacer l'adverbe pour marquer l'emphase, le plus souvent au début ou à la fin de la phrase :

Enfin Malherbe vint.
Ils ont fini l'épreuve lamentablement.

Attention à ne pas commencer la phrase par *aussi* si l'on veut dire *also* (voir 11.2).

Pour éviter l'inversion du sujet si la phrase commence par *peut-être*, on ajoute *que* :

Ils vont peut-être partir.
Peut-être vont-ils partir.
Peut-être qu'ils vont partir.

Certains adverbes de temps et de lieu (mais non *souvent, déjà, encore*) sont placés **après** le participe passé ou l'infinitif complément :

Adverbes de temps :
aujourd'hui
autrefois
demain
hier
tard
tôt

Adverbes de lieu :
ailleurs
dedans
dehors
ici
là (là-bas)
partout

Par exemple :

Ils se sont levés tard.
Vous êtes restée dehors.

L'adverbe qui modifie un autre adverbe se place en général avant cet adverbe :

Nous avons très bien compris. (*très* modifie *bien*)

•Exception : avec l'adverbe *comme* qui traduit *how* +
adjective, l'ordre des mots est différent en français
et en anglais :

Comme (que) vous êtes fort!
How strong you are!
*Comme (combien, que) les gens peuvent devenir
forts!*
How strong people can become!

9.4 Verbes anglais difficiles à traduire. Les
verbes anglais énumérés ci-après sont souvent difficiles à exprimer en français. En voici les traductions les plus courantes :

act
   jouer (théâtre), agir
approach (get near)
   s'approcher de
come close to
   approcher de
have an approach
   aborder, envisager (un problème, une question)
compete with
   *faire concurrence à, rivaliser avec, être rival
   ou concurrent de*
concern (deal with)
   traiter de, s'agir de (v. impersonnel, *il* seul
   sujet possible) Exemple : *Ce chapitre traite de
   la jeunesse du héros.* ou : *Dans ce chapitre il
   s'agit de la jeunesse du héros.*
consist of
   *comporter, comprendre, être fait de, se composer
   de, consister à* (+ verbe), *consister en* (+ nom)
enjoy
   goûter, profiter de, jouir de (+ nom) *aimer,
   prendre plaisir à* (+ verbe)
enjoy oneself
   avoir du plaisir, bien s'amuser
feel + adj.
   se sentir (malade, faible, etc.)
feel + adv.
   se sentir, se porter (bien, mal, etc.)
feel like doing...
   avoir envie de, éprouver l'envie de faire
feel + clause
   penser, croire, trouver, avoir l'impression que
feel + noun
   sentir, ressentir, éprouver (la nostalgie, etc.)

find (figuratively)
   voir, remarquer, trouver, s'apercevoir, se rendre compte
flourish
   s'épanouir, prospérer, se répandre
have a dream
   rêver, faire un rêve, imaginer
have a family
   fonder une famille (avoir des enfants)
have a good time
   passer de bons moments, bien s'amuser (jeux)
have a good time doing...
   se divertir à..., s'amuser à..., aimer faire...
have a haircut, an operation
   se faire couper les cheveux, se faire opérer
have a meal, a drink
   prendre un repas, un verre (prendre quelque chose)
have problems
   avoir des difficultés, des ennuis
have someone in (over)
   inviter quelqu'un
have something done
   faire faire quelque chose
hear about
   entendre parler de, entendre dire que
hear from
   avoir des nouvelles de, recevoir des nouvelles de
insist on (upon)
   exiger que, tenir à ce que (+ subjonctif), *insister pour que* (+ subjonctif)
look (sound) like
   ressembler à, on dirait un/une...
maintain
   maintenir (l'ordre), entretenir, faire vivre (qqn.)
maintain (claim)
   soutenir, prétendre, affirmer que...
make a decision (an appointment)
   décider, prendre une décision (un rendez-vous)
make do
   s'arranger de, se débrouiller avec
make someone happy
   rendre qqn. heureux
make use of
   utiliser, employer, se servir de
meet (by chance)
   rencontrer, tomber sur (familier)
meet (by arrangement)
   se retrouver

meet (with)
  s'entretenir avec, se réunir avec
meet (for the first time)
  faire la connaissance de
move (intrans.)
  bouger, remuer; déménager (changer de domicile)
move (trans., fig.)
  toucher, émouvoir
pick up
  ramasser (quelque chose qui est tombé), aller chercher qqn., prendre qqn. au passage
play a part
  jouer un rôle
play (in sports, games)
  jouer à, faire de
play (an instrument)
  jouer de, faire de
present with
  présenter, offrir quelque chose à quelqu'un, faire cadeau de qqch. à qqn.
project
  projeter (trans.), *saillir* (intrans.)
project oneself into someone's feelings
  s'identifier à qqn., sympathiser avec qqn., comprendre qqn.
realize
  se rendre compte de (dans ce sens, *réaliser* est un anglicisme)
refer to
  se référer à, se reporter à, faire allusion à
return (intrans.)
  rentrer (à la maison), revenir (où l'on est), retourner (d'où l'on vient)
return (trans.)
  rendre, rapporter
stay
  rester, demeurer, loger, descendre chez
stay with
  séjourner chez, rendre visite à
study
  étudier (le grec, la médecine), faire (de l'anglais, du droit, sa médecine), faire des études de (droit, etc.)
support
  soutenir (une idée), faire vivre, entretenir (qqn.)
take advantage of
  profiter de
take care of
  s'occuper de, soigner (qqn.), se charger de

take an exam
  passer un examen (attention : tout le monde le
    passe, mais ne réussit pas nécessairement!)
take a nap
  faire un somme, faire la sieste
take a turn for the worse
  *tourner au pire, empirer, se détériorer, s'enve-
    nimer*
take a walk
  faire une promenade, une balade (familier), *un
    tour, aller se promener*
take (an hour) to do
  mettre (une heure) à faire
take someone (≠ bring)
  emmener qqn. (≠ amener)
take something (≠ bring)
  emporter qqch. (≠ apporter)
think
  penser, réfléchir
think of, about
  penser à qqn., à qqch. ; penser qqch. de qqn.
touch on
  toucher, effleurer, toucher à
travel to
  se rendre à, partir pour, faire un voyage à
witness
  *être témoin de, assister à (une action); certi-
    fier (un document), attester*
be a witness
  témoigner

•Enfin observez soigneusement la traduction des
verbes de mouvement :

Il va à l'école à pied.
He walks to school.

Elle est rentrée en Espagne en avion.
She flew back to Spain.

Ils vont travailler en voiture.
They drive to work.

Le français indique la manière de se déplacer par
une expression nominale (*à pied, en avion*) et le
mouvement par un verbe de mouvement (*aller, rentrer*).

EXERCICES D'APPLICATION

Exercice 1 Les verbes (9.1). Ecrivez le verbe entre parenthèses à la forme correcte, en faisant attention à l'accord et aux modifications.

1. (se réunir) Le comité _____ dimanche prochain.

2. (arriver) Rien de catastrophique _____ pendant votre absence.

3. (ne pas comprendre) La majorité des étudiants _____ ce que le professeur avait expliqué.

4. (retourner) Après avoir rempli la première partie de la demande d'inscription, elles _____ le formulaire pour le compléter.

5. (s'écrire) (être séparé) Mon oncle et ma tante _____ toutes les semaines pendant les deux ans qu'ils _____.

6. (songer) (quitter) (regretter) (passer) En _____ qu'elle allait nous _____, elle et moi _____ nos belles vacances _____.

7. (partir) Tout le monde _____ à la fin de la séance.

8. (indiquer) Chacun vous _____ son numéro de téléphone.

9. (faire) (imprimer) Connais-tu les livres que ton cousin _____ l'année dernière?

10. (se laisser) (prendre) Dans cette bande dessinée, les souris _____ par le chat.

Exercice 2 Accord du verbe (9.1). Mettez les phrases suivantes au passé composé en faisant attention aux accords.

1. Ils traversent le boulevard et se dirigent vers l'Opéra.

----

2. Ce sont les critères qu'il reconnaît partout.

----

3. Vous vous servez tous deux d'un terme dont le sens me reste inconnu.

----

4. J'ignore dans quelle ville elle naît.

----

5. A quels résultats parvenons-nous?

----

6. Quelles sortes de questions pose-t-elle?

----

7. Après la mort de leurs parents, ils se trouvent tout seuls.

----

8. Ses parents s'entendent toujours bien.

----

9. Faites copier le reste des articles que nous ne lisons pas.

----

10. Je vous fais patienter un instant.

----

11. Donnez-moi le nombre des pays qu'ils parcourent.

----

12. Après la cérémonie, le roi et la reine paraissent au balcon.

Exercice 3 (9.2). Formez les adverbes en *-ment* à partir des adjectifs suivants.

automatique _____

pareil _____

élégant _____

commun _____

dangereux _____

faux _____

frais _____

grossier _____

aucun _____

fort _____

doux _____

mou _____

curieux _____

vif _____

conforme _____

tel _____

prudent _____

immense _____

formel _____

précis _____

Exercice 4 (9.3). Amplifiez les groupes verbaux des phrases suivantes en ajoutant les adverbes entre parenthèses.

1. (largement) Elles ont recouvré leurs frais.

_____

_____

2. (malheureusement) Les élections ne sont pas pour demain.

_____

_____

3. (complètement) Aurions-nous raté l'examen?

----

4. (rarement/ailleurs) Ils ont cherché à s'installer.

----

5. (assez/avant-hier) Je n'ai pas dormi.

----

6. (visiblement) Elles se sont perdues.

----

7. (seulement) Avez-vous fait les exercices?

----

8. (tout) Le médecin et le pharmacien étaient étonnés.

----

9. (environ) Elle a publié douze livres.

----

10. (surtout) Ne le lui dites pas!

----

11. (à peine) Il était sorti...

----

12. (ne/pas encore) Je suis prêt à tout accepter.

----

13. (franchement/très) Cet acte est mauvais.

----

14. (ne/pas du tout)   Il peut s'en empêcher.

_____

_____
15. (soudain/fort)   Il s'est mis à pleuvoir.

_____

_____
16. (déjà/bien)   Cet enfant a récité.

_____

_____
17. (soigneusement)   Nous allons te l'expliquer.

_____

_____
18. (aussi)   Ils vont essayer de visiter les Catacombes.

_____

_____
19. (doucement)   «Bonjour, dit Marcel».

_____

_____
20. (ne pas/même)   Il était ignorant, au point de soupçonner ce qu'il ignorait.

_____

_____
21. (tout/simplement)   Le fonctionnaire veut répondre aux questions.

_____

_____

Exercice 5 (9.1 à 9.4). Faites au moyen de prépositions et de noms les équivalents des adverbes suivants et placez-les dans une phrase simple.

généralement : _____

_____

_____
forcément : _____

----

méchamment : _____

----

intelligemment : _____

----

fréquemment : _____

----

considérablement : _____

----

puissamment : _____

----

certainement : _____

----

entièrement : _____

----

particulièrement : _____

----

indifféremment : _____

----

violemment : _____

----

préférablement : _____

_____

_____

régulièrement : _____

_____

_____

Exercice 6. Faites l'inverse (adverbes en *-ment* et phrases).

avec tristesse : _____

_____

_____

avec franchise : _____

_____

_____

par bonheur : _____

_____

_____

de façon obligatoire : _____

_____

_____

en vérité : _____

_____

_____

de manière invariable : _____

_____

_____

avec égalité : _____

_____

_____

de façon énorme : _____

_____

_____

avec gentillesse : _____

_____

----

de façon jolie : _____

----

d'une manière brillante : _____

----

en théorie : _____

----

de manière brève : _____

----

de façon absolue : _____

----

en personne : _____

Exercices de récapitulation des chapitres 8 et 9

Exercice 7 Les Accords. Mettez les passages suivants au pluriel en faisant toutes les modifications
nécessaires.

(Remplacez *je* par *nous* et *Zerati* par *les frères
Zerati*) :
Je m'approche, mon veston à la main. J'ai ramassé
mon cartable, j'embrasse ma mère et je sors avec mon
frère. Je rencontre Zerati, mon copain depuis le
cours préparatoire. Il court pour me rattraper, son
nez rouge de froid sort de son passe-montagne. Il a
des moufles et est engoncé dans la pèlerine grise que
je lui ai toujours vue.

(Remplacez *la fleur* par *les fleurs*, *je* par *nous* et *il* par *ils*) :

«La fleur est faible. Elle est naïve. Elle se rassure comme elle peut. Elle se croit terrible avec ses épines. Mais une épine ne sert à rien.» Il ne put rien dire de plus. Il éclata en sanglots. Je me moquai bien de mon marteau, et de mon boulon. Je le pris dans mes bras. Je le berçai. Je lui disais: «La fleur que tu aimes n'est pas en danger. Je lui dessinerai une muselière, à ton mouton. Je te dessinerai une armure pour ta fleur.» (Saint-Exupéry)

Exercice 8 Les accords. Mettez au féminin le passage suivant :

Mon bien-aimé se trouvait juste devant moi. Celui que j'aimais était un beau jeune homme roux, élancé et svelte mais à présent agenouillé et courbé en avant. Il avait l'air inquiet mais ne semblait pas pressé. Il était arrivé là depuis un moment et je ne pouvais pas m'empêcher de le regarder.

----

10 Les pronoms relatifs

Des difficultés subsistent souvent pour les étudiants anglophones dans l'usage correct des pronoms relatifs. Les exemples suivants nous permettront d'étudier les principaux pronoms relatifs :

Exemple (1) :
Il n'eut pas fait deux lieues que voilà quatre autres héros de six pieds qui l'atteignent, qui le lient, qui le mènent dans un cachot.
(Voltaire, *Candide*)

Exemple (2) :
Tout en rabattant le gibier vers nos chasseurs, nous placions nos engins sur le sol, au bord des barres, ou sur une branche fourchue, que nous brisions pour la mettre à plat, au coeur même d'une térébinthe que Lili appelait «pételin».
Cet arbre, qui pousse si bien dans les poèmes bucoliques, fait des grappes de graines rouges et bleues, dont tous les oiseaux sont friands.
(Marcel Pagnol, *Souvenirs d'enfance, Le Château de ma mère*)

Exemple (3) :
Le peuple a moins d'affection pour ses chefs, qu'il ne voit jamais, pour la patrie, qui est à ses yeux comme le monde, et pour ses concitoyens, dont la plupart lui sont étrangers. Les mêmes lois ne peuvent convenir à tant de provinces diverses qui ont des moeurs différentes, qui vivent sous des climats opposés, et qui ne peuvent souffrir la même forme de gouvernement.
(Rousseau, *Du contrat social*)

Exemple (4) :
Le ciel qui paraissait au travers des frondaisons était d'un bleu léger, subtil, et non de ce bleu laiteux qu'on peut voir après une averse. [...] Ce n'était plus la même futaie que j'avais

trouvée en arrivant, mais un bois planté de jeunes arbres d'une vingtaine d'années. Mon abri de fascines avait disparu ainsi que le gros hêtre auquel il était adossé.
(Marcel Aymé, *Le Passe-Muraille*)

Exemple (5) :
Voilà donc, dans chaque climat, des causes naturelles sur lesquelles on peut assigner la forme de gouvernement à laquelle la force du climat l'entraîne, et dire même quelle espèce d'habitants il doit avoir.

Les lieux ingrats et stériles, où le produit ne vaut pas le travail, doivent rester incultes et déserts ou seulement peuplés de sauvages...
(Rousseau, *Du contrat social*)

•**qui** : Le pronom *qui*, utilisé dans les exemples 1, 2, 3 et 4, est le sujet du verbe subordonné. L'antécédent peut en être une personne ou une chose (personne dans l'exemple 1, chose dans les exemples 2, 3 et 4).

•**que** : Le pronom *que* représente toujours l'objet direct du verbe subordonné (exemples 2, 3 et 4). Devant une voyelle, il est élidé en *qu'* (exemple 4) (voir 4.5.2). Comme pour *qui*, l'antécédent peut être une personne ou une chose.

•**dont** : Le pronom relatif *dont*, qui contient implicitement *de*, remplace un antécédent précédé de *de* (exemples 2 et 3). L'antécédent peut être une personne ou une chose. Généralement, le pronom *dont* est suivi du sujet (voir 11.3.1)

•**lequel** : Le pronom relatif *lequel*, qui varie pour s'accorder en genre et en nombre avec son antécédent, s'utilise avec des prépositions (exemples 4 et 5). Observez la contraction dans *auquel* (exemple 4). La contraction se fait aussi avec *de* (*duquel*) mais cette forme est utilisée à la place de *dont* seulement si l'antécédent est précédé d'une locution prépositionnelle + *de*.

Il a eu un accident. Il a été paralysé à la suite de cet accident. → Il a eu un accident à la suite duquel il a été paralysé.

•**où** : Le pronom relatif adverbial *où* peut désigner un lieu comme dans l'exemple 5 : dans ce cas, il remplace *dans lesquels*. Il peut aussi remplacer une indication de temps : *L'année où ils sont arrivés a été très sèche*. Notez que ce pronom *où* est très souvent utilisé après des expressions comme *le jour, la semaine, la période, l'année*, etc.

•Remarque : les équivalents de *que* et *où* sont souvent omis en anglais. Il est absolument impossible d'omettre les pronoms relatifs en français.

10.1 Antécédents. Ne pas oublier que si l'antécédent n'est pas exprimé, le pronom démonstratif *ce* doit précéder le pronom relatif.

Je me demande ce à quoi vous pensez.
Apportez tout ce dont vous aurez besoin.

Les antécédents peuvent aussi être des pronoms personnels, impersonnels ou démonstratifs :

C'est moi qui vous parle.
J'en reviens.
C'est quelqu'un que je connais.
Celui que je préfère est le plus grand.

(Voir *the one* 13.2.2)

Pour les propositions relatives au subjonctif, voir l'expression du but (15.2.1). Pour les inversions dans les propositions relatives, voir 11.3 et 11.3.1.

EXERCICES D'APPLICATION

Exercice 1. Complétez les textes suivants au moyen des pronoms relatifs convenables.

1. Une saine et forte constitution est la première chose _____'il faut rechercher ; et l'on doit plus compter sur la vigueur _____ naît d'un bon gouvernement que sur les ressources _____ fournit un grand territoire.
(Rousseau, *Du contrat social*)

2. Le premier cambriolage _____ se livra Dutilleul eut lieu dans un grand établissement de

crédit de la rive droite.
(Marcel Aymé, *Le Passe-Muraille*)

3. Quittant la place de la Bornebelle _____ passaient encore les parapluies, le percepteur s'en-
gagea dans une rue déserte [...] Les sentiments de
violence _____ avaient failli l'animer contre M.
Rebuffaud lui paraissaient difficilement explicables
par l'antipathie _____ lui inspirait cet homme
[...] Ses embarras d'argent lui remirent en mémoire
l'avertissement _____ il venait de jeter à la
poste et _____ le toucherait au lendemain matin.
(Marcel Aymé, *Le Passe-Muraille*)

Exercice 2. Complétez les phrases suivantes en
utilisant les pronoms relatifs et les pronoms démonstratifs antécédents convenables.

1. Les arbres de ce parc sont très variés. Les
espèces rares _____ on a planté de nombreux
spécimens proviennent de pays lointains _____
ils sont encore abondants. Les serres dans _____
les fleurs magnifiques enchantent les visiteurs, sont
accessibles la plupart de l'année sauf pendant les
périodes _____ la germination et la propagation
ont lieu. Un promeneur _____ passerait une
journée entière à le visiter ne serait pas déçu :
tout _____ _____ il verrait lui serait agréable.

2. Il vient un âge _____ l'on n'écrit plus [...]
Heureux _____ _____ lisent, _____ relisent,
_____ peuvent obéir à leur libre inclination
dans leurs lectures! Il vient une saison dans la vie
_____ tous les voyages étant faits, on n'a pas
de plus vives jouissances que d'entendre et d'appro-
fondir les choses _____ on sait, de savourer ___
_____ on sent comme de voir et de revoir les

gens _____ on aime. [...] on s'en tient à ses amis, à _____ _____ une longue amitié a éprouvés [...] On va demander alors [...] une amitié _____ ne trompe pas, _____ ne saurait nous manquer, et cette impression habituelle de sérénité et d'aménité _____ nous réconcilie, nous en avons souvent besoin, avec les hommes et avec nous-mêmes. (Sainte-Beuve, *Causeries du lundi*, III)

11 L'inversion et l'ordre des mots dans la phrase

11.1 Phrases interrogatives. Si l'expression *est-ce que* n'est pas utilisée, l'inversion du sujet est requise dans la langue écrite.

11.1.1 L'inversion simple est utilisée :

1. quand le sujet est un pronom personnel :

Sont-elles françaises?
N'avez-vous pas répondu à sa demande?
Aurais-tu voulu y aller tout seul?

2. quand le sujet est le pronom impersonnel *il* :

Que restera-t-il?
Quelle heure est-il?

3. quand le sujet est un nom et la proposition interrogative commence par un mot interrogatif qui est l'objet direct du verbe :

Que voulait ce monsieur?
Quelles langues parle ton père?

4. avec les adverbes interrogatifs *où, quand, comment, combien* quand la phrase comprend seulement un groupe nominal et un verbe :

Où sont les enfants?
Quand arrive le train de Marseille?
Comment fait l'auteur?
Combien de voix a reçu le candidat?

Notez cependant que dans les phrases précédentes, l'inversion complexe est aussi possible (*Comment l'auteur fait-il?* etc.).

11.1.2 L'inversion complexe (nom sujet + verbe + pronom *il(s)* ou *elle(s)* qui reprend le sujet) est utilisée :

1. avec l'adverbe interrogatif *pourquoi* :

Pourquoi le ministre était-il resté si longtemps absent?

2. dans les phrases complexes (le verbe a un attribut ou un complément d'objet direct) :

Les étudiants seront-ils prêts?
Où les enfants de ta soeur vont-ils passer leurs vacances?
Quand le train de Marseille entrera-t-il en gare?
Comment l'auteur de ce roman fait-il pour exprimer la tristesse de son héros?
Combien de voix le candidat de droite a-t-il reçu au premier tour?

11.2 L'inversion du sujet dans les phrases non interrogatives.

11.2.1 Après une citation. Elle est obligatoire après une citation. C'est le seul cas où le nom sujet soit inverti directement.

«Entrez!» dit Pierre.
"Come in," Peter said.

11.2.2 Après certains adverbes. Elle se fait également après: *ainsi, à peine, aussi (= therefore), du moins, encore, encore moins, en vain, peut-être, sans doute* et *tout au plus.*

A peine avaient-ils répondu que...
They had hardly answered when...

Du moins l'avaient-ils compris intégralement.
At least they had understood him completely.

Peut-être le gouvernement tombera-t-il.
Perhaps the government will fall.

•Attention à ne pas placer *aussi* au début de la phrase si vous voulez exprimer *also*. Dans ce cas, mettez *aussi* ou *également* après le verbe. En début de phrase vous pouvez utiliser *de plus* ou *d'autre part* pour traduire *also* (angl.).

Le livre traite aussi de la morale de l'amour.
ou :
De plus, le livre traite de la morale de l'amour.

•L'inversion du sujet ne se fait pas en français
après les expressions qui traduisent *no sooner*
(angl.) ou *never* (angl.), alors qu'elle est
obligatoire en anglais :

*Ils n'étaient pas plutôt arrivés qu'ils partirent
se baigner.*
No sooner had they arrived than they went swimming.

Je n'avais jamais vu un tel chien!
Never had I seen such a dog!

N'oubliez pas cependant qu'on peut aussi traduire la
première phrase avec *à peine* et l'inversion est alors
nécessaire :

A peine étaient-ils arrivés qu'ils partirent.

11.2.3 Dans les expressions elliptiques. L'inversion est aussi nécessaire en français, avec certaines
expressions elliptiques où le sujet apparent est
sous-entendu :

mieux vaut en rire (= il vaut mieux en rire)
*mieux vaudrait un problème bien posé qu'un problème
mal résolu*
reste la situation économique (= il reste la situation économique)

Dans ces phrases, le sujet est en fait le pronom *il*
qui est sous-entendu, mais ces expressions elliptiques font apparaître *rire, un problème* et *la
situation* comme étant les sujets des verbes. Ce genre
de structure se trouve surtout avec les verbes
suivants : *arriver, entrer, paraître, passer, se
présenter, survenir, suivre* :

Arriva ce que nous craignions : le feu s'éteignit.
Survint le directeur. Catastrophe!

11.2.4 Dans la langue littéraire. Enfin, on trouve
parfois dans la langue littéraire l'inversion du
sujet à la place d'une proposition conditionnelle
introduite par *si* :

Etait-elle arrivée il y a une heure, elle se serait jointe à nous. (= *si elle était arrivée...*)
L'avait-il dit plus tôt, il nous aurait épargné ce chagrin. (= *s'il l'avait dit plus tôt...*)

11.3 Ordre des mots dans les propositions relatives et conjonctives. Après certains pronoms relatifs, surtout *que, ce que, de quoi, à quoi* et *où* l'inversion du sujet est parfois utilisée :

Tous les anciens officiers, que connaissait mon père, se retrouvaient le mardi soir pour jouer à la belote.
Elle se demandait à quoi réfléchissait son enfant.

De même, on trouve souvent l'inversion après *comme* :

Les nouvelles, comme le prévoyait le ministre, étaient plus mauvaises.

11.3.1 Ordre des mots dans les propositions relatives introduites par dont (duquel, de laquelle, etc.). Dans une proposition relative introduite par *dont* ou *duquel* (*de laquelle*, etc.), l'ordre des mots est : pronom relatif + sujet + verbe + objet.

le monsieur dont [R] *j'* [S] *ai vu* [V] *la fille*
the man whose daughter I saw

le film dont [R] *j'* [S] ai parlé [V]
the film (which) I spoke about

On trouve aussi quelquefois l'inversion du sujet quand *dont = of whom, of which* :

Je pensais aux peuples dont parlait le conférencier. (ou : *dont le conférencier parlait*)

12 Traduction des prépositions et locutions prépositives

Les prépositions et locutions prépositives de l'anglais se traduisent souvent de façon très différente en français. Nous avons donc groupé les difficultés de traduction autour des principales prépositions anglaises en montrant les diverses façons de les exprimer.

12.1 Amplification des prépositions. Il est utile de remarquer tout d'abord que la préposition exprime souvent beaucoup plus en anglais qu'en français :

1. *They're in.* = *They're at home,* ou *They have arrived,* etc.
2. *What is it about? = What is involved?* ou *What is the subject?*
3. *Take it up. = Take it or carry it upstairs.*
4. *People with problems = People who have problems.*

Le français doit être plus explicite : pour se faire comprendre, il faut ajouter un verbe, un nom, quelquefois toute une proposition :

1. *Ils sont rentrés* ou *Ils sont arrivés.*
2. *De quoi s'agit-il?* ou *C'est à quel sujet?*
3. *Montez-le* ou *Portez-le là-haut.*
4. *Les gens qui ont des ennuis.*

Il faut remarquer que l'anglais utilise un grand nombre de verbes polyvalents (*go, take, do,* etc.) suivis de prépositions qui en précisent le sens. Le français s'exprime de préférence à l'aide de verbes plus explicites :

go in → *entrer* *go out* → *sortir*
take in → *rentrer, recueillir* *take out* → *sortir*

Le même principe s'applique aux expressions adverbiales :

the man outside → *l'homme qui est dehors*
the girl next door → *la jeune fille qui habite à côté de chez nous*

12.2 Traduction de l'anglais «about»

Quand la préposition *about* signifie *concernant*, elle se traduit par *de, au sujet de, à propos de,* ou *sur* :

about (angl.) → de (fr.)

ask about → *demander des nouvelles de*
be about → *s'agir de (il s'agit, s'agissait, s'agira de — il seul sujet possible)*
complain about → *se plaindre de*
hear about → *entendre parler de*
inquire about → *s'informer de*
speak (talk) about → *parler de*
worry about → *s'inquiéter de*

about → sur

find out about → *se renseigner sur, avoir/prendre des renseignements sur*
learn (something) about → *apprendre (quelque chose) sur*
lecture about → *faire une conférence sur*

about → au sujet de, à propos de

argue about → *se disputer au sujet de (discuter de)*
fight about → *se battre à propos de*
write about → *écrire au sujet de*

Autres expressions anglaises avec «about» :

Tell me about it! → *Racontez-moi ça!*
Do something about it! → *Faites quelque chose!*

Quand *about* signifie *approximativement*, on traduit par *environ* ou *à peu près* avec des nombres pour indiquer l'heure et par *vers* avec d'autres indications temporelles :

about → environ, à peu près

about 3 years ago → *il y a environ (à peu près) 3 ans*
she's about 5 → *elle a à peu près (environ) 5 ans*
about 50,000 inhabitants → *environ 50.000 habitants*
it is about two o'clock → *il est environ (à peu près) deux heures*
we're about ten miles away from there → *nous sommes environ à seize kilomètres de là*

about → vers

Dans une expression temporelle qui n'est pas introduite par un verbe comme *il est, nous sommes, about* se traduit par *vers* :

about noon → *(je viendrai) vers midi*
about nightfall → *vers le soir*
at about ten o'clock → *vers dix heures*

Pour exprimer *about* + (un chiffre), dans le sens de *around*, on utilise souvent l'expression nominale équivalente au chiffre :

about forty → *une quarantaine*
about a hundred → *une centaine*
about a thousand → *un millier*

Autres traductions de «about» :

to think about → *penser à*
to walk about the campus → *se promener sur le campus*
to stroll about the streets → *se promener dans les rues (flâner)*
to be about to do something → *être sur le point de faire quelque chose*
to go about one's business → *faire son travail, s'occuper de ses propres affaires*
What about? → *C'est à quel sujet?*
What is this about? → *De quoi s'agit-il?*
about which, about whom → *au sujet duquel, de laquelle, à propos duquel, de qui*

12.3 Traduction de l'anglais «as»

La préposition *as* est souvent traduite par *comme*, mais attention aux constructions sans article en français :

as (angl.) → comme, en tant que (fr.)

as a sport (I like football...) → *comme sport*
as a teacher (He's strict...) → *comme professeur, en tant que professeur*

Cependant, quand une comparaison est implicite et que le verbe est sous-entendu, *comme* (conjonction) est suivi de l'article :

as a priest (He acted as...would) → *comme un prêtre*

as → comme

as is seen in chapter... → *comme on le voit dans le chapitre*
as such → *comme tel*
as it should be → *comme il faut*
as expected, as agreed → *comme prévu, comme convenu*

«as» dans les comparaisons :

as large as → *aussi grand que*
as much as → *autant que*
not as fast as → *pas (aus)si vite que*

as → en

En remplace *comme* quand on veut exprimer *dans le rôle de* :

to treat someone as a friend → *traiter quelqu'un en ami*

La conjonction *as* exprimant une action graduelle se traduit souvent par *en* + participe présent (gérondif) :

as I grew older → *en vieillissant*, ou : *au fur et à mesure que je vieillissais* (cette expression est plus longue et plus lourde)

Retenez aussi les expressions suivantes :

as a matter of fact → *en fait, de fait*
as a rule → *en règle générale*
as far as → *en ce qui concerne*

Autres traductions de «as» :

as a result → *par conséquent, il en résulte que,*
  c'est pourquoi, il en découle que (plus littéraire) (voir 17.1 et 17.2)
as for, as to → *quant à*
as far as I know → *autant que je sache*
as is → *tel quel*
as of (+ date) → *en date du, dès, à partir du...*
as if, as though → *comme si* + imparfait ou plus-
  que-parfait

12.4 Traduction de l'anglais «at»

at (angl.) → à (fr.)

A exprime le plus souvent une relation de lieu ou
de temps :

at home, at school → *à la maison, à l'école, au*
  collège
at the door, at the window → *à la porte, à la*
  fenêtre
at noon, at three → *à midi, à trois heures*
at present, at the present time, at this time → *à*
  présent
at that time → *à ce moment-là, à cette époque-là,*
  (dans ce temps-là)
at the same time → *à la fois (en même temps)*
two, three at a time → *deux, trois à la fois*
at hand → *à portée de la main (sous la main)*
at heart → *au fond*
at my, your disposal → *à ma, votre disposition*
at my request → *à ma demande*
at that rate → *à ce compte-là, à ce taux-là*

at → chez

Chez désigne un lieu précis, toujours avec le nom
de la personne dans la maison ou dans le bureau de
laquelle on est, on va, etc. :

at my house, at his house → *chez moi, chez lui*
at my mother's → *chez ma mère*
at the dentist's → *chez le dentiste*
at the Browns' → *chez les Brown*

at → en

at the same time → *en même temps (à la fois)*

at any rate → *en tout cas*
at issue → *en question*
at large → *en liberté*
at sea → *en mer*
at war, at peace → *en guerre, en paix*

Autres expressions anglaises avec «at» :

at best, at worst → *au mieux, au pis, dans le
  meilleur (le pire) des cas*
at last → *enfin, finalement*
at night → *la nuit, le soir* (sans préposition)
at once → *(tout) de suite*
at this point → *pour le moment, pour l'instant*
two, three at a time → *deux par deux, trois par
  trois*
while we are at it → *pendant que nous y sommes*

Traductions de quelques verbes anglais généralement
suivis de *at* :

be angry, mad at → *être furieux, fâché contre*
be surprised at → *être surpris de, s'étonner de*
laugh at → *rire de, se moquer de*
look at → *regarder* (sans préposition)
point at → *montrer du doigt*
swear at → *jurer contre, injurier*
wonder at → *s'émerveiller de*

12.5 Traduction de l'anglais «by»

by (angl.) → par (fr.)

C'est la traduction la plus fréquente, en particulier pour introduire le complément d'agent des verbes
passifs (*C'est un article écrit par un bon journa-
liste*) et pour exprimer le moyen, la cause et le lieu
par où l'on passe. *By* se traduit par *par* dans des
expressions telles que :

by air → *par avion*
by chance → *par hasard*
by heart (by rote) → *par coeur*
to call someone by name → *appeler quelqu'un par son
  nom*
by proxy → *par procuration*
by way of → *par, par voie de, en passant par*
one by one → *un par un*
to begin by, to end by → *commencer par, finir par*
  (à distinguer de *to begin with*, cf. 12.14)

by → de

De remplace *par* devant les compléments d'agent des verbes passifs quand on insiste sur le résultat de l'action et non sur l'agent :

accompanied, followed by → *accompagné, suivi de*
hated, loved by → *haï, aimé de*
surrounded by → *entouré de*, etc.

by → en

L'expression anglaise *by working*, gérondif exprimant le moyen, se traduit par le gérondif français précédé de *en* ; attention, *en* est la seule préposition qu'on puisse jamais employer avec un participe présent!

by doing → *en faisant*
by running → *en courant*

Remarquez aussi les expressions suivantes :

by day, by night → *de jour, de nuit*
by far → *de beaucoup, de loin*
by force → *de force*
a book by Camus, de Molière → *un livre de Camus, de Molière*

by → à

by dint of → *à force de*
by hand → *à la main*
by means of → *au moyen de*
by the dozen, by the piece → *à la douzaine, à la pièce*
day by day → *au jour le jour*

Autres expressions anglaises avec «by» :

come back by two o'clock → *reviens avant (pour, d'ici) deux heures*
by next month, by the 10th → *d'ici le mois prochain, d'ici le 10*
by and large → *en grande partie, en gros, dans l'ensemble*
by the way → *entre parenthèses, en passant, à propos*
two by five → *deux sur cinq*

12.6 Traduction de l'anglais «for»

for (angl.) → pour (fr.)

C'est la traduction la plus courante quand *for* indique le but (*C'est pour vous servir*), la destination (*Je pars pour Paris*), l'intérêt ou l'opinion favorable (*Il est pour Mitterand*), la substitution (*Elle m'a pris pour quelqu'un d'autre*), la durée future ou prévue (*Je compte travailler pour deux mois*) mais non la durée complète au passé (voir ci-dessous). De même dans des expressions telles que :

for God's sake → *pour l'amour de Dieu*
for his, her age → *pour son âge*

for → à

for rent, for sale → *à louer, à vendre*
for (instead of) someone → *à la place de quelqu'un*
good for nothing → *bon à rien*
invite for lunch → *inviter à déjeuner*
word for word → *mot à mot*
it's not for me to say → *ce n'est pas à moi de le dire*

for → par

for example, for instance → *par exemple*
remarkable for → *remarquable par*

for → pendant

Pour exprimer la durée quand l'action est terminée, ou quand on est certain de son commencement et de sa fin :

I travelled for a month. → *J'ai voyagé pendant un mois.*
The road is straight for ten miles → *La route est droite pendant (sur) seize kilomètres.*

for → depuis

Pour exprimer une notion temporelle lorsqu'on ne connaît que le début d'une action ou d'un état, mais non la fin :

He's been here for a month. → *Il est ici depuis un mois.*

•Attention : dans les deux catégories précédentes, ne traduisez pas *for* (angl.) par *pour* (fr.)!

for après certains verbes anglais et leur traduction:
ask for → *demander* (sans préposition)
be responsible for → *être responsable de*
care for → *aimer, s'occuper de*
decide for → *décider en faveur de*
look for → *chercher* (sans préposition)
prepare for → *se préparer à*
search for → *rechercher* (sans préposition)
wait for → *attendre* (sans préposition)

Autres expressions anglaises avec «for» :

for dessert → *comme dessert*
for the time being → *pour le moment, pour l'instant*
his desire, need for → *son besoin de, désir de*
the reason for → *la raison de (pour laquelle)*
Thank you for coming. → *Merci d'être venu.*
What is this for? → *A quoi cela sert-il?*
What for? → *Pour quoi faire?*
except for → *sauf, excepté, à part, à l'exception de.* Exemple : I did them all, except for the last → *Je les ai tous faits, sauf (à part, excepté) le dernier.*

12.7 Traduction de l'anglais «from»

From se traduit généralement par *de*, et ne pose pas beaucoup de problèmes. Cependant, il faut souvent l'amplifier :

She's from New Jersey. → *Elle est originaire de l'état de New Jersey.*
the plane from New York → *l'avion en provenance de New York*
Where are you from? → *D'où venez-vous?*
This is from an article. → *Ceci est extrait d'un article. Ceci est tiré d'un article.*

from (angl.) → à partir de, dès, désormais (fr.)

Pour bien marquer le commencement, au sens spatial ou temporel :

from this page on → *à partir de cette page*
from this moment on → *à partir de ce moment-là, dès ce moment*
from now on → *dorénavant, dès maintenant, désormais*

from → à

from all points of view → *à tous points de vue*
from my point of view → *à mon point de vue, à mon avis*
to drink from a bottle → *boire à la bouteille*
to steal from someone → *voler (quelque chose) à quelqu'un*

Autres expressions anglaises avec «from» :

from ... to ... → *depuis ... jusqu'à*
from this angle → *sous cet angle*
sheltered from the rain → *abrité contre la pluie*
from what I hear → *d'après ce que j'entends dire*
to hear from someone → *avoir (recevoir) des nouvelles de quelqu'un)*
to learn from a book → *apprendre dans un livre*
to learn from someone → *apprendre grâce à qqn., avec l'aide de qqn.* (ou : *il m'a beaucoup appris*)
to drink from a cup → *boire dans une tasse*

12.8 Traduction de l'anglais «in»

in (angl.) → en (fr.) (sans article, sauf exception)

C'est la traduction la plus courante de *in* pour exprimer le lieu (dans les pays ou régions de genre féminin : *Elle est en France*), le temps (*en 1950, en automne, en juin*), l'état (*en désordre*), la manière d'être (*en colère, en larmes*), et la matière (*en pierre*). *In* est aussi traduit par *en* dans les gérondifs (*en faisant ceci*). Remarquez les expressions telles que :

in the air → *en l'air*
in any case → *en tout cas*
in case of (+ nom) → *en cas de*
in confidence → *en toute (stricte) confidence*
in fact → *en fait, de fait, par le fait*
in French (English, etc.) → *en français (anglais, etc.)*
in honor of → *en l'honneur de*
in large part → *en grande partie*
in the last analysis → *en définitive, tout compte fait*
in the meantime → *en attendant, pendant ce temps*
in a nutshell → *en un mot*
in the open → *en plein air*

in spite of → *en dépit de, malgré*
in the year 2000 → *en l'an 2000*

Pour exprimer le lieu où l'on est de façon permanente ou prolongée :

in prison → *en prison*
in a cage → *en cage*

Comparez ceci avec le lieu où l'on est de façon temporaire, ou sans y être restreint :

in the hospital → *à l'hôpital*
in school → *à l'école, à l'université*

in → à

Tout d'abord pour les villes, les îles et les pays ou régions de genre masculin (attention à la contraction de l'article > *au, aux*) :

in Paris → *à Paris*
in Le Mans → *au Mans*
in Madagascar → *à Madagascar*
in Brasil → *au Brésil*
in the United States → *aux Etats-Unis*

et dans les expressions telles que :

in the beginning → *au commencement*
in case (+ proposition) → *au cas où*
in the corner → *au coin*
in the face → *au visage, à la figure*
in the future → *à l'avenir* (temporel), *au futur* (en grammaire seulement)
in ink → *à l'encre*
in lieu of (instead of) → *au lieu de, à la place de*
in the middle → *au milieu*
in the Middle Ages → *au Moyen-âge*
in power → *au pouvoir*
in the present → *au présent* (en grammaire)
in the long run → *à la longue, à longue échéance*
in my (his) opinion → *à mon (son) avis*
in the open → *à la belle étoile* (littéral), *à visage découvert* (figuré)
in your (her) place → *à votre (sa) place*
in the plural (singular) → *au pluriel, au singulier*
in the 17th century → *au dix-septième siècle, (XVII°)*
in the service of → *au service de*

in the subjunctive → *au subjonctif*
in the sun (wind) → *au soleil (au vent)*
in time → *à temps*

in → de

in any case → *de toute façon*
in fact → *de fait*
in good (bad) faith → *de bonne (mauvaise) foi*
in a way → *d'une certaine façon (manière)*
in different ways → *de différentes manières*
in several ways → *de plusieurs façons*
in the same way → *de la même manière*

in → dans

in the afternoon → *dans l'après-midi* (ou : *l'après-midi)*
in the morning → *dans la matinée* (ou : *le matin)*
in his/her forties (age) → *dans la quarantaine*
He is in his forties. → *Il a dans la quarantaine.*
in the twenties → *dans les années vingt*

in → par

in alphabetical order → *par ordre alphabétique*
in contrast with → *par contraste avec, à l'encontre de* (ou: *contrairement à, à la différence de)*
in order of size → *par ordre de taille*
in places → *par endroits*

in → pendant

in the evening → *pendant la soirée* (ou : *dans la soirée)*
in the meantime → *pendant ce temps*
in the night → *pendant la nuit* (plus rarement : *dans la nuit)*
in the winter → *pendant l'hiver* (ou : *en hiver)*

in → sous

in the form of → *sous forme de*
in press → *sous presse*
in the rain (snow) → *sous la pluie (neige)*
in the reign of → *sous le règne de*
in a (little) while → *sous peu*

Autres expressions anglaises avec «in» :

to be in → *être à la mode, être dans le vent*
to be interested in → *s'intéresser à*
in debt → *être endetté, avoir des dettes*
one in five → *un sur cinq*
the books are in → *les livres sont arrivés* (amplification)
in other words → *en d'autres termes, autrement dit*
in parentheses → *entre parenthèses*
in quotes → *entre guillemets*

•Attention à la traduction de *in* pour exprimer le temps :
He did it in an hour. → *Il l'a fait en une heure.* (durée totale)
He will do it in an hour. → *Il le fera dans une heure.* (l'action commencera au bout d'une heure)

12.9 Traduction de l'anglais «of»

Dans la grande majorité des cas, *of* se traduit par *de* :

the book of Psalms → *le livre des Psaumes*
to die of fear, of hunger → *mourir de peur, de faim*
a sigh of relief → *un soupir de soulagement*

Mais attention aux expressions suivantes :

all of a sudden → *tout d'un coup*
Bachelor of Law → *licencié en droit*
Bachelor of Science → *bachelier ès sciences*
Doctor of Humane Letters → *docteur ès lettres*
Doctor of Medicine → *docteur en médecine*
in and of itself → *tout seul, en soi*
in case of → *en cas de*
a friend of mine/hers → *un de mes/ses amis*
Master of Arts → *maître ès arts*
of course → *bien sûr, bien entendu, naturellement*
of necessity → *de toute nécessité*

Verbes anglais suivis de «of» :

consist of → *consister de (en)*
hear of → *entendre parler de* (préposition amplifiée)
know of → *connaître* (sans préposition)
speak of → *parler de, au sujet de*
take care of → *s'occuper de, soigner* (sans préposition)

tell of → *raconter* (sans préposition)
think of → *penser à quelqu'un, quelque chose,*
  penser du bien (du mal) de quelqu'un
write of → *écrire sur (au sujet de)*

12.10 Traduction de l'anglais «on»

Pour indiquer la position *on* se traduit
généralement par *sur (Le chat est sur la table.)* Mais
attention : James Bond ou Superman voyagent sur le
train, mais peu de gens sont capables de cet exploit!

on (angl.) → à (fr.) (position générale, pas nécessairement supérieure) :

on (my/her) arrival → *à (mon/son) arrivée*
on balance → *à tout prendre*
on board → *à bord (en bateau, en train, en voiture)*
on the ceiling → *au plafond*
on the contrary → *au contraire*
on foot → *à pied*
on horseback → *à cheval*
on (one's) knees → *à genoux*
on page 6 → *à la page 6*
on the phone → *au téléphone*
on the right (left) → *à droite (à gauche)*
on television (the radio) → *à la télévision (à la*
  radio)
on time → *à l'heure*

on → de

to depend on someone → *dépendre de quelqu'un (comp-*
  ter sur...)
to depend on the circumstances → *dépendre des cir-*
  constances
to live on one's income → *vivre de ses revenus*
on the one hand → *d'une part*
on the other hand → *d'autre part, en revanche*
to be on a committee → *faire partie (être membre)*
  d'un comité

on → dans

on the bus → *dans l'autobus/l'autocar*
on the plane → *dans l'avion*
on the street → *dans la rue*
on the train → *dans le train*
on the whole → *dans l'ensemble*

on → en

on the average → *en moyenne*
on fire → *en feu*
on the other hand → *en revanche*
on sale → *en vente, en solde*
on stage → *en scène*
on tour → *en tournée*
on a trip → *en voyage*
on vacation → *en vacances*
on the way → *en route, en chemin*

Autres expressions avec «on» :

on business → *pour affaires*
on display → *exposé*
on the ground → *par terre*
on and off → *par intervalles, tantôt...tantôt*
on no account → *sous aucun prétexte*
on Saturdays/on Mondays → *le samedi/le lundi* (sans
  préposition)
on second thought → *réflexion faite, tout bien
  considéré, à tout prendre*

12.11 Traduction de l'anglais «out»

out (angl.) → hors de (fr.)

out of breath → *hors d'haleine*
out of reach → *hors d'atteinte*
out of season → *hors de saison*

Notez cependant les expressions suivantes et leur
traduction :

out of date → *vieilli, périmé, passé*
out of one's mind → *qui a perdu la tête (la raison)*
out of print (stock) → *épuisé*
out of turn → *avant son tour*
out of the way → *écarté, reculé*
made out of stone → *fait de (en) pierre*
two (three) out of ten → *deux (trois...) sur dix*

out → par

out of curiosity → *par curiosité*
out of friendship → *par amitié*
out of respect → *par respect*
out of the door → *par la porte*
out of the window → *par la fenêtre*

out → dans (voir aussi *from*, 12.7)

```
drink out of a cup → boire dans une tasse
eat out of a plate → manger dans une assiette
take out of a book → prendre dans un livre
```

L'adverbe anglais *out* est généralement exprimé par un verbe ou un nom en français (voir 12.1) :

```
be out → être sorti
be out of → être privé de, être à court de
go out (with) → sortir (avec)
the day out → le jour de sortie, de congé
a night out → une nuit passée à s'amuser, passée
    dehors
out to lunch → sorti (parti) déjeuner
sleep out → découcher
the voyage out → l'aller
```

12.12 Traduction de l'anglais «through»

La plupart du temps, *through* ne se traduit pas par *à travers*, qui exprime seulement une traversée physique (*L'air passe à travers la moustiquaire. On voit le ciel à travers les branches de l'arbre.*)

through (angl.) → par (fr.)

C'est la traduction la plus courante, pour un sens figuré ou atténué, surtout s'il n'y a pas contact direct. Par exemple :

```
through the door → par la porte
through the mail → par la poste
through someone → par l'intermédiaire de, par
    l'entremise de, grâce à quelqu'un
```

Amplification :

```
through the eyes of a child → vu par un enfant
```

La préposition est amplifiée par le verbe *voir* qui remplace *the eyes*.

```
He is through. → Il a terminé.
She went through her things. → Elle a fouillé dans
    ses affaires.
```

Les verbes *terminer* et *fouiller*, plus précis, remplacent *is* et *went*. Suivant le contexte, *to go*

through peut se traduire par différents verbes :
parcourir, feuilleter (un livre), traverser (un pays), etc.

Autres traductions de *through* ou *throughout* :

through(out) the book → *tout au long du livre*
through(out) his life → *(pendant) toute sa vie*
all through his life → *durant (pendant) sa vie entière*
through(out) the country → *dans l'ensemble du pays, dans le pays tout entier*

12.13 Traduction de l'anglais «to»

to (angl.) → à (fr.) (règle générale)

Pay attention to this. → *Faites attention à ça.*
write to → *écrire à*
give to → *donner à*

Dans les deux derniers exemples, remarquez qu'il est impossible d'omettre la préposition en français, alors que c'est courant en anglais :

Give me this. Write your parents., etc.

Pour les lieux, *to* se traduit par *à* ou *au* pour les villes et les pays ou régions de genre masculin :

We're going to Lyon. → *Nous allons à Lyon.*
to Denmark → *au Danemark*

Mais *to* se traduit par *en* pour les pays ou régions de genre féminin :

They're going to France. → *Ils vont en France.*
to Burgundy → *en Bourgogne*

Quand *to* signifie *in order to*, il se traduit par *pour* :

He ran to get there faster. → *Il a couru pour y arriver plus vite.*
To understand you need to listen carefully. → *Pour comprendre il faut écouter attentivement.*

•Dans ce dernier exemple, il faut distinguer soigneusement le premier *to* (*in order to*) du second, qui est seulement la marque de l'infinitif anglais.

Ne traduisez jamais *to* s'il marque seulement l'infinitif :

> To sleep, perchance to dream. → *Dormir, peut-être rêver.*
> To begin is important. → *Commencer est important.*

Mais :
> to begin with → *pour commencer* (= *in order to begin*)

12.14 Traduction de l'anglais «with»

Dans beaucoup de cas, *with* se traduit par *avec* pour indiquer l'accompagnement (*Elle viendra avec nous*), la manière (*Il fait son travail avec soin*), le moyen (*Il l'a frappé avec un bâton*), la simultanéité (*Elle se lève avec le soleil*) et l'opposition (*se battre avec quelqu'un*).

with (angl.) → de (fr.)

Après certains verbes, conjugués ou utilisés comme adjectifs au participe passé, et après certains adjectifs pour exprimer un état statique résultant d'une action, comme par exemple :

> adorn with → *orner de*
> cover with → *couvrir de*
> deal with → *traiter de, s'occuper de, s'agir de* (impersonnel)
> (be) edged with → *bordé de*
> (be) filled with → *rempli de*
> (be) lined with → *doublé de*
> (be) topped with → *couronné de, couvert de*
> (be) happy, content with → *content, heureux de*
> (be) unhappy with → *mécontent de*, etc.

Comparer la traduction de *by* par *de* (12.5).

> I can't do anything with her. → *Je ne peux rien faire d'elle.*
> be down with a fever → *être pris de fièvre*
> be down with the flu → *souffrir de la grippe (être grippé)*
> break with (from) → *se séparer de*
> with all his strength → *de toutes ses forces*
> with all my heart → *de tout coeur, de tout mon coeur*

with → à

Avec certains verbes, en particulier :

be with someone → *être à quelqu'un* Exemple : I'll
    be with you soon. → *Je suis à vous tout de suite.*
cope with → *faire face à*
help with something → *aider qq'un à faire qq chose*
    Exemple : Help me with this exercise. → *Aide-moi*
    à faire cet exercice.
identify with → *s'identifier à*
speak with → *parler à, s'entretenir avec*
visit with → *rendre visite à*

Et dans des expressions telles que :

hold with one's hand → *tenir à la main*
with open arms → *à bras ouverts*
with regret → *à regret*
with the exception of → *à l'exception de*
with the naked eye → *à l'oeil nu*

with → par

to begin with → *commencer par* (ou *pour commencer*,
    voir 12.13)
to be obsessed with → *être obsédé par* (agent du
    verbe passif)
to finish with → *finir par* (ou *pour finir*, voir
    12.13.)

Autres traductions de «with» :

to have money with you → *avoir de l'argent sur soi*
to leave something with... → *laisser quelque chose*
    à quelqu'un
to meet with someone → *rencontrer quelqu'un,*
    s'entretenir avec quelqu'un
to stay with someone → *être chez quelqu'un, séjour-*
    ner chez...

12.15 «Vis-à-vis, à propos»

vis-à-vis, à propos → *vis-à-vis de, à propos de*

Le *de* est toujours nécessaire en français moderne.

12.16 Remarque générale sur l'ordre des mots avec les prépositions

La préposition ne peut **jamais** être rejetée à la fin de la phrase comme en anglais :

the people he came with → *les gens avec lesquels il est venu*
the books they talked about → *les livres dont ils ont parlé*

Remarquez que les pronoms relatifs **ne sont jamais omis en français** (*lesquels, dont*). (Voir 10)

EXERCICES D'APPLICATION

Exercice 1. Traduisez soigneusement les phrases suivantes.

1. Most European countries were still at war.

_____

_____

2. "Are you about to start looking at this?" "No." "Well, you must start at once."

_____

_____

_____

3. There are about fifty students in this course, most of them are Italian and study at the university.

_____

_____

_____

4. "Don't laugh at me, I'd like to write about medicine in the Middle Ages." "Do you know anything about it?" "Not at this point, but in about two weeks, I'll be able to begin."

_____

_____

_____

----

5. As she grew taller, she would climb the steps
three at a time.

----

6. As far as I am concerned, he may lecture on any
area of research.

----

7. As expected, all the boats were still at sea,
but half would soon return.

----

8. During the day, he works as a coach. As such,
he worries about every member of his team.

----

9. At night he stays at home, as a rule.

----

10. Don't point at foreigners, they must be treated
as welcome visitors as much as friends.

----

11. It's better to be at the right place at the
right time.

----

12. He and I argued about money all the time, but
our children never heard about it.

Exercice 2. Traduisez soigneusement les phrases suivantes.

1. The flight from Madrid came by way of Barcelona.

----

2. He doesn't care for books by Sartre.

----
3. "Ask them for dinner and tell them to come by eight."

----
4. She's by far the prettiest girl of them all : is she from around here?

----
5. These garments were all sewn by hand for my grandparents.

----
6. They've been here for ever and are well-loved by their neighbors.

----
7. If you learn these expressions by heart, you will no longer translate sentences word for word.

----

8.   "What do you have for breakfast?"   "I eat
pancakes by the dozen!"

----

9.   I looked for her, but since she was surrounded
by half-a-dozen reporters, I couldn't identify her.

----

10. The judge found for the plaintiff.

----

11. The coast road is winding for twenty miles.

----

12. "I asked for him, I waited for him, I called
for him, nothing doing! I just couldn't get through
to him!" "What for?" "Just to talk to him for a few
minutes."

----

13. This forest was planted by her ancestors at the
same time as this vineyard.

----

14. By and large, both are still doing well.

----

15. They are remarkable for their size and the great variety of their plantings.

Exercice 3

1. Donnez toutes les traductions possibles des expressions suivantes.

on the one hand...on the other hand

----

in the morning...in the evening

----

in a way

----

in fact

----

in the future

----

2. Faites des phrases avec chacune des expressions françaises de l'exercice précédent.

Exercice 4. Traduisez les phrases suivantes.

1. In August I'll be on a business trip.

----

2. He threw the paper in her face.

----

3. On second thought, I'll come on Tuesday.

----

4. There are a few interesting programs on T.V.,
but on the whole we would rather be at the movies or
out in the open.

----

5. My great-aunt is in the hospital, waiting for
surgery. In the meantime, she spends her time on the
phone.

----

6. Please fill this application form in ink, not
in pencil.

----

7. Don't stay out in the sun too long, even if
you're walking on the street you may get sunburned.

----

8. The police band is on tour in Switzerland, Austria, Poland and Sweden for a month in honor of its conductor's birthday.

---

9. My mother's friends live on their income and they depend on no-one.

---

10. In many ways, I think very highly of her.

---

11. Of course, a fly can walk on the ceiling as well as on the ground.

---

12. In case of emergency call any friend of yours.

---

13. The house that was for sale last week was bought by a group consisting of three males and two females.

---

14. "All aboard! The train's about to leave!"

---

15. What does this theory consist of?

_____

_____

Exercice 5. Traduisez.

1. To begin with, we shall go through the history
of this case, then we shall deal with the present
situation.

_____

_____

2. The poor woman was trembling with cold.

_____

_____

3. He got his last job through the people he
stayed with two years ago.

_____

_____

4. She threw the cat out the window but it came
back in through the door.

_____

_____

5. "How much money do you have with you?" "I have
nothing, with the exception of 10 French francs."

_____

_____

6. They are very satisfied with their apartment
but they'll come to look at this one out of curiosity.

_____

_____

7. I hope with all my heart that they can meet

with someone more influential.
_____
_____

8.   These children are impossible; we can't do
anything with them!

_____

9. You must cope with the following problem : these
books are all out of print.

_____

10. She was so overwhelmed with grief that she
stayed out for a day.

_____
_____

13 Autres difficultés de traduction

13.1 Traduction du passif. Le passif est beaucoup moins employé en français qu'en anglais. Le français a tendance à utiliser d'autres formes pour l'éviter :

1. **On.** C'est la plus courante et la mieux connue :

On parle français ici.
French is spoken here.

2. **Forme pronominale du verbe.** Cette forme est employée surtout si l'on tient à garder le même ordre et la même emphase dans la phrase (sujet + verbe) :

Le jambon se vend à la charcuterie.
Ham is sold at the delicatessen.

3. **Forme impersonnelle du verbe.** Cette structure est assez courante, surtout quand le sujet est un participe présent en anglais :

Il est interdit de fumer.
Smoking is prohibited.

Il est défendu de stationner ou *Stationnement interdit.*
No parking is allowed.

Il est interdit de porter des chaussures de ville sur le court.
The use of street shoes is prohibited on the court.

•Attention à ne pas traduire le passif anglais par un passif en français quand le sujet de l'anglais devient l'objet indirect en français :

On nous [OI] *a donné une récompence.*
We were given a reward.

13.2 Pronoms

13.2.1 Traduction de l'anglais «both»

both (angl.) → tous deux, tous les deux (fr.)
Le plus souvent, comme dans toutes les expressions avec *tous*, *tous deux* ou *tous les deux* (*toutes les deux*) est une apposition au sujet ou à l'objet :

Ils ont tous deux les mêmes goûts.
Both [S] have the same tastes.

Je les ai vues toutes les deux.
I saw both [O] of them.

•Attention : si l'on veut utiliser l'expression comme sujet même, on doit utiliser *tous* (*toutes*) *deux*, sans *les* :

Tous deux ont les mêmes goûts.

Mais cette structure est beaucoup moins idiomatique, et donc, plus rare. L'adjectif *both* se traduit par *les deux* (*both brothers* = *les deux frères*).

•Remarque : *All three, all four*... se traduisent de la même façon par *tous trois, tous les trois, tous les quatre*, etc. *Les* est toujours placé après *tous*.
On peut également traduire *both*, surtout après une préposition, par *l'un(e) et l'autre*, en répétant la préposition s'il y a lieu :

Elle a voulu parler à l'un et à l'autre.
She wanted to speak to both of them.

Je me méfie de l'une et de l'autre.
I mistrust both of them.

13.2.2 Traduction de l'anglais «one»

one (who, which, that) → *une personne qui (que)*,
    quelqu'un qui (que)

Exemple : *Voici quelqu'un qui le sait.*
Here's one who knows.

one (of) + pronom → *l'un(e) d'entre nous (vous, eux, elles)*

Exemple : *L'un d'entre eux a terminé.*
One of them finished.

one (of) + nom → il faut répéter le nom + *de*...

Exemple : *Leurs rapports sont des rapports de con-fiance* (ou *sont fondés sur la confiance*).
Their relationship is one of trust.

the one (who, which, that) → *celui (celle) qui, que, dont*

•Attention : Le pronom relatif est souvent omis en anglais, mais doit obligatoirement être exprimé en français (voir 10) :

Voici celui que j'ai acheté.
Here's the one I bought.

C'est celle dont je parle.
She's the one I'm talking about.

•Remarque : Il faut parfois amplifier *one* en fran-çais, pour être plus explicite :

Je ne suis pas femme (homme) à rire de ce genre de chose.
Je ne suis pas de ceux qui rient de ce genre de chose.
I'm not one to laugh at this sort of thing.

any one of → *n'importe lequel (laquelle) d'entre*...

•Attention : *One* se traduit aussi par *on* dans un sens indéfini :

On est frappé de sa grandeur.
One is struck by his greatness.

Mais si un possessif ou un autre pronom se rapportent à *on*, les pronoms ou possessifs indéfinis (Exemple : *soi*) doivent être employés :

On a souvent besoin d'un plus petit que soi.
Il faut qu'on fasse attention à ne pas se tromper soi-même.

13.2.3 Traduction de l'anglais «whose, of which» (Voir 10)

whose, of which, etc. → *dont*, ou : préposition + antécédent + forme de *duquel*

Si l'antécédent en français n'est pas précédé d'une préposition, le pronom relatif *dont* doit être employé :

L'auteur dont j'ai lu le livre...
The author whose book I read...

La personne dont ils parlent...
The person of whom they speak...

Mais :
La personne en faveur de laquelle je parle...
‚The person on whose behalf I speak...

•Attention : L'ordre des mots dans la proposition relative introduite par *dont* n'est pas toujours le même qu'en anglais. Voir 11.3.1.

13.3 Traduction de certaines conjonctions

13.3.1 Traduction de l'anglais «as if, as though»

as if, as though → *comme si* (+ imparfait ou plus-‚que-parfait)

Exemple : *Il parle comme s'il savait tout.*
He speaks as if he knew it all.

•Attention à ne pas utiliser *même* dans ce genre de phrases.

13.3.2 Traduction de l'anglais «because»

because (conj.) → *parce que, comme*

Exemple : *Il est furieux parce qu'elle est en retard.*
He's mad because she's late.

•Il est impossible de commencer une phrase par *parce que* ou *car* en français, on utilise alors *comme*:

Comme elle était en retard, elle a manqué le cours.
Because she was late, she missed the class.

because of (prép.) → *à cause de, en raison de*

Remarquez que la conjonction est suivie d'une proposition complète, avec un verbe. On trouve aussi des expressions nominales, avec une préposition. Ne pas confondre les deux!

> *A cause de l'arrêt, elle est arrivée en retard.*
> Because of the delay, she was late.

13.3.3 Traduction de l'anglais «even though»

even though → *bien que, quoique* (+ subjonctif)

Exemple : *Quoique (bien que) je sache le français,
je ne l'ai pas compris.*
Even though I knew French, I didn't understand him.

•Attention à ne pas utiliser *même que*, qui est
incorrect. *Même si* ne veut pas dire tout à fait la
même chose :

> *Même s'il veut venir, ne l'emmenez pas avec vous.*
> Even if he wants to come, don't take him with you.

13.3.4 Traduction de l'anglais «since»

since → *puisque, comme* (sens causatif)

Exemple : *Comme elle (Puisqu'elle) était en retard,
elle s'est dépêchée.*
Since she was late, she rushed.

13.3.5 Traduction de l'anglais «while»

while (= during) → *pendant que, alors que* (sens
temporel)

Exemple : *Elle dort pendant qu'il chasse.*
She sleeps while he hunts.

while (= whereas) → *tandis que, alors que, au lieu
que* (opposition)

Exemple : *Elle est forte en math tandis (alors)
qu'il est meilleur en musique.*
She's good in math, while he's better in music.

13.4 Autres expressions difficiles

here's the point → *voici de quoi il s'agit, voici
ce dont il s'agit*
more important(ly) → *ce qui est plus important*
needless to say → *inutile de dire que...*
the way in which → *la manière (la façon) dont*

there is no such thing as → *il n'existe rien de tel*
que
to the point → *(fort) à propos, bien parlé, bien*
dit
What's the point? → *A quoi bon? Dans quel but?*

13.5 Faux-amis. Voir la liste dans l'appendice 2.

EXERCICE D'APPLICATION

Exercice 1. Traduisez.

1.   One should never forget what one owes to one's family.

---

2.   They were presented with tough choices even though all three of them were well-prepared.

---

3.   The way in which you wrote about your grandparents is very touching.

---

4.   At any rate, both factors played an important part in having her solve her problem.

---

5.   "For one who studied law, he didn't do very well," he said.

---

6.   We must all realize that both candidates compete with one another.

---

7.   Maybe this is one of the vacations I enjoyed
most.

---

8.   They were given only a half hour to research
this topic while the representative prepared for his
speech.

TROISIÈME PARTIE : VERS LA RÉDACTION

Nous allons maintenant procéder à une élaboration plus complexe de la phrase et aux liens entre une série de phrases pour arriver à la rédaction de paragraphes. A l'aide de textes modèles et d'exemples, nous étudierons l'expression du temps, des relations de but, de cause et de conséquence, d'opposition, de restriction et de concession. En utilisant les termes de coordination, nous nous entraînerons à la rédaction de paragraphes divers. Nous serons amenés à dégager les articulations logiques et les plans de différents textes, ce qui nous préparera au résumé.

14 L'expression du temps dans la phrase et le paragraphe

14.1 Temps verbaux. Les indications temporelles s'expriment tout d'abord par le choix des temps verbaux. Référez-vous à une bonne grammaire pour revoir, le cas échéant, les usages du présent, du futur et des temps du passé. Le temps s'exprime aussi au moyen d'adverbes et d'expressions adverbiales, de prépositions et locutions prépositives et de conjonctions. Elles sont signalées dans les textes par les astérisques et seront reprises ci-dessous.

La façon la plus simple de présenter une narration est d'utiliser le présent accompagné de dates et de précisions temporelles introduites par des prépositions :

Exemple (1) :

¶1 Né à Paris le 15 janvier 1912, Michel Debré est le fils du professeur Robert Debré, pédiatre de renom.

¶2 Docteur en droit, diplômé de Sciences po, il entre au Conseil d'Etat en* 1939. Il est officier à l'Ecole de cavalerie de Saumur lorsque*** éclate la Seconde Guerre mondiale.

¶3 Résistant, il devient adjoint au délégué, en territoire occupé, du Comité français de libération

nationale (1943) , puis**, à la Libération, commissaire de la République pour la région d'Angers.
C'est dans cette ville qu'il rencontre celui auquel
il se consacrera avec passion : Charles de Gaulle.
[...]
¶4 Sous* la Ve République, Michel Debré occupera
les fonctions de garde des Sceaux (1958) puis** de
premier ministre (1958-1962), de ministre de
l'Economie et des Finances (1966-1968), et enfin**
de ministre des Affaires étrangères (1968-1969).
¶5 Maire d'Amboise depuis* 1966 et député de la
Réunion depuis* 1963, Michel Debré abandonne le
devant de la scène politique après* le départ du
général de Gaulle en* avril 1969.
(France-Amérique, 7-13 avril 1988)

Le texte est au présent, qui exprime une vérité
permanente (*est le fils*), ainsi que des actions ponctuelles (*entre, devient,* etc.) qu'on exprimerait
aussi au passé simple ou au passé composé. Il s'agit
donc de ce qu'on appelle le «présent de narration».
Deux verbes sont au futur : ce temps permet d'exprimer une durée dans la perspective du récit. Il se
substitue au passé (*Sous la Ve République, Michel
Debré occupera*) pour présenter une série d'actions et
remplace une expression comme *jusqu'à la fin de sa
vie* dans la phrase *auquel il se consacrera avec passion.*
Cependant, il faut absolument apprendre à bien
manier les temps du passé, en particulier les rapports entre le parfait (passé simple ou passé composé) et l'imparfait. Les exemples qui suivent illustrent les emplois traditionnels des temps du présent
et du passé.

Exemple (2) :
[Agnès Varda, cinéaste, décrit l'île de Noir-
moutier]
¶1 Noirmoutier est un gros poisson qui s'éloigne
de la côte nantaise, une baudroie géante, large de
l'avant avec une queue interminable.
¶2 Depuis qu'on*** a construit LE pont, Noirmoutier est une île-presqu'île, reliée à la côte
par une vilaine agrafe de béton : le poisson n'ira
pas au large. [...]
¶3 La plus belle arrivée à l'île, c'est par le
gué du Bois, à marée basse, comme avant**, quand on
avait toujours** l'horaire des marées en poche. De*
nuit, on entre au pays des odeurs fortes, dans les
lueurs glauques des méduses transparentes. Il faut

être vigilant, la route a des angles. En* hiver, récemment**, un paysan s'est endormi sur sa charrette, et le cheval a continué tout droit dans les flots. De* jour, ceux qui ont des appareils font des photos, ceux qui ont des fourchettes font des palourdes et ceux qui font les fous passent un peu trop tard, l'estomac serré et les roues dans l'eau de la marée montante.

¶4 «Avant* le pont», et avant* la guerre, tout le monde allait au bois de la Chaise, touffu comme une gravure de Gustave Doré et truffé de villas bourgeoises sans lumière et sans vue. La rumeur disait qu'on y faisait des compotes (mot local pour partouzes). Ailleurs dans l'île, c'était populaire et pas cher. Tout a changé, la géographie sociale et les prix. Il y a trois banques au lieu de la camionnette-guichet venant le jour du marché, avec la satinette et les légumes du continent.

¶5 On pouvait aussi arriver avec le bateau de Fromentine à La Fosse, en* dix minutes. C'est fini, le débarcadère est devenu un balcon pour voir le pont.

(Agnès Varda, *L'Express*, 9 septembre 1983, pp. 74-76.)

Le présent (¶1 *Noirmoutier est un gros poisson qui s'éloigne*) indique un fait permanent, ou le résultat présent d'une action passée (¶2 *Depuis qu'on a construit LE pont, Noirmoutier est une île-presqu'île*), ou des actions présentes (¶3 *ceux qui ont des appareils font des photos*).

Le passé composé exprime des actions terminées à des moments précis du passé (¶3 *récemment, un paysan s'est endormi*). Il exprime aussi le résultat permanent de ces actions (¶5 *le débarcadère est devenu un balcon*).

L'imparfait sert à décrire dans le passé (¶4 *c'était populaire et pas cher*), à indiquer un fait général et non ponctuel dans le passé (¶5 *on pouvait arriver avec le bateau*), ou une habitude dans le passé (¶4 *tout le monde allait au bois*).

Enfin dans l'exemple qui suit, les actions ponctuelles sont exprimées au passé simple :

Exemple (3) :
[Jacques Thibault décrit le départ des soldats en 1914 à la gare de l'Est.]

Sur le trottoir où Jacques aborda, un couple allait se séparer. L'homme et la femme se regardaient une dernière fois. Autour de la mère, l'en-

fant, un petit gars de quatre ans, s'amusait :
agrippé à la jupe, il sautillait sur un pied, en
chantonnant. L'homme se pencha, empoigna le bambin,
l'éleva et l'embrassa ; si rudement, que le gamin
se débattit, furieux. L'homme reposa l'enfant à
terre. La femme ne bougeait pas, ne disait rien,
[...] elle dévisageait son homme avec des yeux
fous. Alors**, comme s'il eût craint qu'elle se
jetât sur lui et qu'il ne pût plus s'arracher
d'elle, au lieu de la prendre dans ses bras, il
recula, sans la quitter des yeux ; puis**, se re-
tournant soudain**, il s'élança vers la gare. Et
elle, au lieu de le rappeler, au lieu de le suivre
du regard, elle fit un brusque demi-tour, et se
sauva. Le gosse, qu'elle traînait derrière elle,
butait, manquait de tomber ; elle finit par le
soulever du bout du bras et le hisser sur son
épaule, sans s'arrêter, pour fuir plus vite, pour
arriver plus tôt** sans doute dans son logis vide,
où, seule, et la porte close, elle pourrait sangloter tout son saoul.
(Roger Martin du Gard, *Les Thibault, L'été 1914*,
O.C. II (Paris : Gallimard, 1955) pp. 637-638.)

Remarquez l'usage du passé simple pour une série
d'actions ponctuelles (*l'homme se pencha, empoigna le
bambin*, etc.) et celui de l'imparfait pour exprimer
des actions non ponctuelles (*l'homme et la femme se
regardaient, il sautillait, elle dévisageait*, etc.).
Puisque nous sommes dans un registre littéraire,
remarquez l'usage du plus-que-parfait du subjonctif
(*comme s'il eût craint*), utilisé (voir 16.1.1) comme
équivalent du plus-que-parfait de l'indicatif, ainsi
que l'imparfait du subjonctif (*qu'elle se jetât,
qu'il ne pût*). Dans la langue courante, le présent du
subjonctif serait utilisé. Remarquez enfin le présent
du conditionnel (*elle pourrait sangloter*) qui traduit
le futur dans un contexte passé.

**14.2 Expressions prépositives et adverbiales et
conjonctions de temps.** Dans les exemples que nous
venons de lire paraissent diverses expressions de
temps. Les dates de l'exemple (1) sont complètes (*le
15 janvier 1912*) ou indiquent seulement l'année
(*1943, 1968-1969*).

14.2.1 Prépositions. Notez l'usage des prépositions
(signalées dans les exemples par *), *en* et *depuis*
pour les années, les mois ou les saisons.
Voici la liste des locutions prépositives de temps
les plus courantes :

+ noms :
à la suite de
à l'époque de
à partir de
après
au cours de
avant
dans
depuis
dès
durant
en
jusque, jusqu'à
lors de
pendant
pour
vers

+ verbes :
à l'instant de
au moment de
après (infin. passé)
avant de
en attendant de
jusqu'au moment de
sans attendre de

Certains exemples d'emploi de ces expressions ont été énumérés au chapitre 12 (voir spécialement 12.8).
Enfin, n'oubliez pas les équivalents de *depuis* qui expriment le temps écoulé : *il y a, ça fait, voilà*.

Elles ont fini de déjeuner depuis une heure.
Il y a une heure qu'elles ont fini de déjeuner.
Ça fait une heure qu'elles...
Voilà une heure qu'elles...

Avec ces expressions le passé (simple ou composé) marque une action terminée, le présent ou l'imparfait une action qui continue.

14.2.2 Adverbes et locutions adverbiales. Les adverbes de temps (signalés dans les exemples par **) sont variés. Il en existe beaucoup d'autres dont voici les principaux :

à jamais
à la fois
à l'avenir
à l'instant
à plusieurs reprises
à présent
alors
après
aujourd'hui
auparavant
aussitôt
autrefois
avant

entre-temps
finalement
hier (avant-hier)
immédiatement
jadis
jamais
jusque là
longtemps
lors
maintenant
naguère
par le passé
parfois

bientôt	*quelquefois*
d'abord	*sans cesse*
dans un premier/second temps	*sitôt*
de temps à autre	*soudain*
de temps en temps	*souvent*
demain (après-demain)	*sur-le-champ*
depuis	*tantôt*
désormais	*toujours*
d'ici-là	*tout à l'heure*
dorénavant	*tout de suite*
en même temps	*tout le temps*
enfin	
ensuite	

14.2.3 Conjonctions de subordination. Les conjonctions de subordination de temps (signalées dans les exemples par ★★★) sont rares ici : *lorsque* (1) et *depuis que* (2). Elles sont toutes deux suivies de l'indicatif. Voici les autres :

+ indicatif :
à mesure que
au moment où
alors que
après que
aussi longtemps que
aussitôt que
chaque fois que
comme
depuis que
dès que
jusqu'au moment où
lorsque
pendant que
quand
tandis que
tant que
toutes les fois que
une fois que

+ subjonctif :
avant que
en attendant que
jusqu'à ce que

14.2.4 Expressions nominales. Notez également l'absence de prépositions dans les expressions nominales : *le matin, le soir, le jour du marché* (2) et *une dernière fois* (3). On trouve ainsi :

l'après-midi, le jour, la nuit, le printemps, l'été, etc.

L'article défini de ces expressions exprime la répétition ou la périodicité, alors que l'article indéfini indique une occasion particulière :
une fois, un matin, un hiver, etc.

14.3 La concordance des temps. Si l'usage des temps de l'indicatif dans les propositions subordonnées est relativement simple, il est souvent plus difficile de choisir la forme convenable du subjonctif après les verbes et conjonctions qui l'exigent (voir 14.2.3). Le tableau suivant résume les diverses possibilités.

Verbe 1 + *que* **+ Verbe 2 au subjonctif**

1. USAGE COURANT

Simultanéité des verbes 1 et 2 ou postériorité du verbe 2 :

Verbe 1 :	Verbe 2 :
présent, futur, conditionnel présent	+ *que* + subj. présent

Elle exige (exigera, exigerait) qu'il parte.

Verbe 1 :	Verbe 2 :
temps passés	+ *que* + subj. présent

Elle a exigé (exigeait, avait exigé) qu'il parte.

Antériorité du verbe 2 :

Verbe 1 :	Verbe 2 :
présent, futur, conditionnel présent	+ *que* + subjonctif passé

Elle exige (exigera, exigerait) qu'il soit parti.

Verbe 1 :	Verbe 2 :
temps passés	+ *que* + subjonctif passé

Elle a exigé (exigeait, avait exigé) qu'il soit parti.

2. EXPRESSION RECHERCHÉE OU LITTÉRAIRE

Simultanéité des verbes 1 et 2 ou postériorité du verbe 2 :

Verbe 1 :	Verbe 2 :
temps passés	+ *que* + subj. imparfait

Elle a exigé (exigeait, exigea, avait exigé, eut exigé) qu'il partît de suite.

Antériorité du verbe 2 :

Verbe 1 :	Verbe 2 :
temps passés	+ *que* + subj. plus-que-parfait

Elle a exigé (exigeait, exigea, avait exigé, eut exigé) qu'il fût parti avant midi.

14.4 Le discours indirect. Dans la narration, on peut rapporter les dialogues directs au moyen de verbes introducteurs comme *dire*, suivis de *que*. Les principaux sont : *ajouter, confirmer, déclarer, constater, expliquer, raconter, répondre, répliquer.*

«Nous allons partir tout de suite,» déclara-t-il.
Il déclara qu'ils allaient partir tout de suite.

Les interrogations indirectes qui attendent les réponses *oui* ou *non* sont introduites par *si* et des verbes comme *demander, se demander, vouloir savoir.* Les réponses plus complexes sont introduites par *ce qui, ce que, ce à quoi, comment, pourquoi,* etc. :

Elle se demandait s'il viendrait.
Expliquez-moi ce à quoi vous pensez.
Je voudrais savoir comment il est rentré.

Un certain nombre de changements se produisent : personne, temps verbaux, locutions adverbiales.

14.4.1 Modifications de personne. N'oubliez pas de modifier les pronoms personnels et adjectifs possessifs suivant les besoins de l'énoncé :

Le professeur demande à ses étudiants : «Avez-vous apporté vos livres?» → Le professeur demande à ses étudiants s'ils ont apporté leurs livres.

14.4.2 Modifications des temps verbaux. Le tableau ci-dessous résume la concordance des temps au discours indirect. Verbe 1 signifie le verbe principal ou introducteur et verbe 2 signifie le verbe subordonné par *que*. La grande majorité des subordonnées seront à l'indicatif. Si elles sont au subjonctif, on utilisera principalement le présent et le passé.

Il exigea : «Finissez votre rédaction».
Il exigea que vous finissiez votre rédaction.

Verbe 1 + que + Verbe 2 à l'indicatif

Verbe 1 :		Verbe 2 :
présent ou futur	+ que +	présent
↓		↓
passé	+ que +	imparfait

Il dit (dira) qu'il passe son examen.
Il a dit (disait, avait dit) qu'il passait ...

Verbe 1 :		Verbe 2 :
présent ou futur	+ *que* +	passé composé
↓		↓
passé	+ *que* +	plus-que-parfait

Il dit (dira) qu'il a passé son examen.
Il a dit (disait, avait dit) qu'il avait passé ...

Verbe 1 :		Verbe 2 :
présent ou futur	+ *que* +	futur
↓		↓
passé	+ *que* +	condit. prés.

Il dit (dira) qu'il passera son examen.
Il a dit (disait, avait dit) qu'il passerait ...

Verbe 1 :		Verbe 2 :
présent ou futur	+ *que* +	futur antérieur
↓		↓
passé	+ *que* +	condit. passé

Il dit (dira) qu'il aura passé son examen.
Il a dit (disait, avait dit) qu'il aurait passé...

14.4.3 Modifications des locutions temporelles.
Observez soigneusement les modifications suivantes :

Discours direct :		Discours indirect :
hier	→	*la veille*
avant-hier	→	*l'avant-veille*
aujourd'hui	→	*ce jour-là*
maintenant, en ce moment	→	*à ce moment-là, alors*
demain	→	*le lendemain*
après-demain	→	*le surlendemain*
lundi dernier	→	*le lundi précédent, le lundi d'avant*
lundi prochain	→	*le lundi suivant, le lundi d'après*
dans 3 jours	→	*3 jours après, 3 jours plus tard*
il y a 2 jours	→	*2 jours auparavant*

14.5 Variations stylistiques

14.5.1 Nominalisation. N'oubliez pas que la plupart des prépositions temporelles correspondent à des conjonctions (*avant* → *avant que*, *lors* → *lorsque*). Le français favorise souvent les constructions nominales (*au moment de son arrivée*) au lieu d'une construction verbale (*au moment où il est arrivé*).

après que le Général de Gaulle est parti...
après le départ du Général de Gaulle...
après son départ...

•Il faut indiquer par un adjectif possessif le sujet implicite s'il ne figure pas dans l'expression.

14.5.2 Propositions participes. Rappel : on peut aussi remplacer la proposition subordonnée par une proposition participe, comprenant un participe présent ou un participe passé, si le sujet des deux verbes est identique (voir 8.3.4 et 8.3.5).

Ayant absorbé un premier cachet, Dutilleul rangea le médicament dans un tiroir et n'y pensa plus.
(Marcel Aymé, *Le Passe-Muraille*)
= Quand il eut absorbé un premier cachet, Dutilleul...

le directeur de la Santé, en pénétrant un matin dans son bureau, trouva sur sa table la lettre suivante...
(Marcel Aymé, *Le Passe-Muraille*)
= au moment où il pénétra dans son bureau...

EXERCICES D'APPLICATION

Exercice 1. Récrivez au passé l'exemple (1) (14.1) en utilisant le passé composé et l'imparfait.

Exercice 2. Le texte suivant est écrit au présent. Récrivez-le au passé en utilisant le passé simple, l'imparfait et le plus-que-parfait.

A l'époque où je (dirige) _____, dans un grand journal du soir, la rubrique des grands reportages, je (lis) _____ la copie, la (récris) _____ au besoin, la (titre) ___ _____ et la (sous-titre) _____.

Un soir, l'article que j'(ai) _____ à revoir (a) _____ pour auteur un reporter qui (vient) _____ de rentrer d'un désert sud-africain.

Il (a écrit) _____ «la pluie est si rare dans ce désert que les indigènes conservent le peu d'eau qui tombe dans des oeufs de gazelle...»

J'(envoie) _____ la copie à l'impression, et le lendemain à l'aube, le rédacteur en chef me (réveille) _____ par téléphone. «Bravo pour les oeufs de gazelle! Il y en a cent cinquante mille qui sont partis ce matin!»

Encore endormi, je ne (réagis) pas _____. Et ce n'(est) _____ que plus tard que je (me rends compte) _____ de l'énormité de ce que j'(ai laissé) _____ passer.

L'après-midi, à mon arrivée au journal, le rédacteur en chef me (raconte) _____ la suite de l'histoire.

Il (est allé) _____ voir le chef-correcteur, qui (est) _____ un charmant vieux monsieur, avec l'article qui (vient) _____ de paraître. Celui-ci (a relu) _____ l'épreuve et (s'est écrié) _____ : «Evidemment, monsieur, il faut un s. -- Mais non, relisez mieux...»

Le chef-correcteur (rajuste) _____ ses lunettes, (relit) _____ soigneusement le texte et (conclut) _____, navré : «Vous avez raison, c'est beaucoup trop petit pour pouvoir contenir de l'eau!»

C'est mon ami le rédacteur en chef qui (doit) _____ _____ faire lui-même la correction, et remplacer «gazelle» par «autruche».
(D'après Pierre Daninos)

Exercice 3. Mettre au passé composé l'exemple (3) (14.1).

Exercice 4. Transformez les expressions suivantes en les nominalisant (14.5.1).

1. dès que nous serons partis

2. quand il est descendu de l'avion

----

3. après qu'ils s'étaient réveillés

----

4. lorsqu'elle était retournée chez elle

----

5. pendant que nous déjeunions

----

6. jusqu'à ce que vous veniez

Exercice 5. Rédigez un petit paragraphe à l'imitation de l'exemple (2) du paragraphe 14.1 en employant dans vos phrases des adverbes de temps tirés de la liste de la section 14.2.1.

Exercice 6. Rédigez au discours indirect les exemples (1), (2), et (3) de la section 4.3.3.

Exercice 7. Rédigez 10 phrases contenant des conjonctions de temps suivies de l'indicatif et 5 phrases contenant des conjonctions de temps suivies du subjonctif.

Exercice 8. Rédigez une courte narration au passé en imitant le texte de Roger Martin du Gard dans l'exemple (3), 14.1.

Exercice 9. En vous inspirant de l'exemple (1), rédigez une courte biographie au passé.

15 L'expression du but

Le but peut s'exprimer par des noms, des verbes, des prépositions et des conjonctions.

15.1 Noms. Les noms suivants indiquent cette notion : *le but, le dessein, les fins, l'objet, l'objectif, le projet, le propos, les visées, les vues.* Ces noms peuvent être précédés d'une préposition.

> *L'objet de sa visite était d'établir un premier contact.*
> *Mon propos n'est pas de critiquer le ministre.*
> *Ils négocient dans le but de conclure l'accord.*

15.2 Verbes. Il s'agit d'expressions comme *destiner à, faire en sorte que, viser à,* etc.

> *J'ai fait en sorte que ce document soit bref.*

•Puisque le but est désiré ou souhaité, les verbes et les conjonctions qui l'expriment sont généralement suivis du subjonctif.

15.2.1 Verbes suivis de propositions relatives au subjonctif. Les verbes exprimant la recherche (*chercher, demander, donner, exister, indiquer, montrer, y avoir,* etc.) et les verbes exprimant le souhait ou le désir (*aimer, avoir envie de, désirer, préférer, souhaiter, vouloir,* etc.) sont suivis d'une proposition relative au subjonctif pour exprimer le but :

> *Existe-t-il quelqu'un qui puisse entreprendre ceci?*
> *J'aimerais un appartement qui comprenne trois chambres et deux balcons.*

Mais :

> *J'ai trouvé un bel appartement qui comprend trois chambres et deux balcons.*

15.3 Conjonctions et prépositions

Conjonctions + subjonctif :	Prépositions + infinitif :
afin que	*afin de*
de crainte que	*de crainte de*
de façon que	*de façon à*
de manière que	*de manière à*
de peur que	*de peur de*
de sorte que	*de sorte à ne pas*
pour que	*pour*
	à dessein de
	en vue de

Comme avec l'expression du temps, on peut souvent modifier les phrases en passant de la conjonction à la préposition :

> *La liste est alphabétique de façon (à ce) que les étudiants puissent s'y retrouver.*
> *La liste est alphabétique de façon à s'y retrouver.*

Observez cependant que dans la deuxième phrase il n'est pas possible d'exprimer *les étudiants* : un sujet explicite autre que *la liste* est impossible. Le sujet implicite de *s'y retrouver* est *on* (indéfini).

EXERCICES D'APPLICATION

Exercice 1. Finissez les phrases suivantes.

1. Il faut souffrir pour ...

---

2. Les publicités sont répétées de façon à ...

---

3. Nous ébaucherons plusieurs esquisses afin de ...

---

4. Les pourparlers ont repris de sorte que ...

---

5. Baissez-vous de manière à ...

---

6. Ils ont prévu tous les détails afin que ...

Exercice 2. Complétez les phrases suivantes et refaites-les ensuite avec des conjonctions ou des prépositions.

1. Il faut refaire ces phrases dans le but de ...

----

2. L'objet de ma visite ...

----

3. Tu pratiques l'équitation à des fins ...

----

4. En distribuant des tracts, son objectif ...

----

5. Dans cet exposé, notre propos ...

Exercice 3. Dans les phrases suivantes, remplacez *pour* par une autre expression.

1. Cette association se démène pour promouvoir les livres et pour connaître les éditeurs.

----

2. Il faut donner aux enfants des éléments pour observer leur propre corps.

----

3. Deux colloques internationaux vont avoir lieu pour célébrer sa naissance.

----

4. Une société demande au public de ne pas utiliser les ordinateurs à certaines heures pour éviter la saturation du système.

Exercice 4. Dans le texte suivant, analysez la façon dont le but est exprimé. Ensuite résumez-le en quelques phrases contenant chacune une expression de but.

Une jeune Rouennaise au chômage a inauguré une nouvelle méthode pour tenter de trouver un emploi. Dans le train Rouen-Paris, elle a distribué son curriculum vitae aux passagers de première classe.
Catherine, qui a séjourné plus de dix mois aux Etats-Unis, souhaiterait un emploi qui lui permette d'utiliser ses connaissances. C'est ainsi qu'elle a visé les personnes voyageant en première classe qui soient susceptibles de lui donner quelque appui.
Elle avait préparé plusieurs centaines d'exemplaires de ce document de manière à effectuer cette distribution au cours de plusieurs voyages. Cependant, un contrôleur de la SNCF lui a dressé un procès-verbal parce qu'il est interdit de distribuer des tracts dans les trains. Elle est pourtant arrivée à ses fins puisque trois employeurs l'ont contactée en vue d'un poste éventuel.

Exercice 5. D'après le texte suivant, rédigez cinq phrases publicitaires à l'intention d'une compagnie aérienne qui a interdit de fumer à bord. Dans ces phrases vous insisterez sur l'expression du but.

Les fumeurs vont-ils, un jour ou l'autre, être mis à l'amende chaque fois qu'ils seront à bord d'un avion?

La compagnie aérienne française UTA vient en effet d'annoncer qu'elle augmentait de façon significative la section non-fumeur de ses avions. Ceci afin de répondre à une demande croissante des passagers qui souhaitent respirer de l'air frais pendant la durée de leur vol.

Jusqu'à présent un non-fumeur pouvait se retrouver directement devant ou derrière un fumeur s'il était assis juste à la limite de sa section. Pour résoudre ce problème, UTA a décidé de séparer complètement les deux groupes de passagers.

Mais puisque de nombreux passagers se plaignent de l'odeur nauséabonde et tenace qui émane du tabac, les hôtesses distribueront des bonbons, du chewing-gum et autres friandises de sorte à réduire encore l'usage des cigarettes.

Impossible néanmoins de se réfugier dans les toilettes ou dans un coin abandonné du couloir car une annonce informera les resquilleurs éventuels que fumer est rigoureusement interdit dans ces secteurs.

Désormais, les amateurs d'air pur n'auront plus à essayer d'ouvrir les hublots pour échapper à l'asphyxie.

16 L'expression de la condition, de l'hypothèse et de l'éventualité

16.1 Phrases conditionnelles introduites par «si».
La structure la plus courante pour exprimer la condition et sa réalisation est d'énoncer la condition dans la proposition subordonnée introduite par *si* et le résultat dans la proposition principale. Les temps à utiliser sont indiqués dans le tableau suivant :

1. Probabilité

Verbe subordonné :	Verbe principal :
si + présent ou passé composé	futur, présent, ou impératif

Si elle termine (a terminé) avant midi, elle pourra (peut) partir.
Si tu termines (as terminé) avant midi, pars.

2. Eventualité (condition réalisable)

Verbe subordonné :	Verbe principal :
si + imparfait	conditionnel présent

Si vous saviez ces règles, vous ne feriez plus de fautes.

3. Condition dans le passé (non réalisée), regret

Verbe subordonné :	Verbe principal :
si + plus-que-parfait	conditionnel présent (conséq. continues) conditionnel passé (conséq. passées)

Si j'avais fini mes examens, j'aurais mon diplôme.
Si j'avais réussi à mes examens, je serais partie en vacances.

16.1.1 Forme littéraire du conditionnel passé. Il existe une deuxième forme du conditionnel passé, identique au plus-que-parfait du subjonctif. Notez bien qu'il ne s'agit pas du subjonctif.

J'avais absolument les idées qu'eût pu avoir un servant d'armes au temps de la barbarie féodale.
(George Sand, *Mauprat*)
(la forme plus courante serait *qu'aurait pu avoir*)

On trouve également dans ce registre plus littéraire le plus-que-parfait du subjonctif après *si* à la
place du plus-que-parfait de l'indicatif (14.1) :

Si nous eussions été seuls, je me serais tiré d'af-
faire par une de ces brusques sorties ...
(George Sand, *Mauprat*)
(= si nous avions été seuls...)

Avec l'inversion, le *si* est parfois omis (voir
11.2.4) :

Les choses n'eussent-elles pas été aussi loin...
(George Sand, *Mauprat*)
(= si les choses n'étaient pas allées si loin...)

16.1.2 Expression de plusieurs conditions. Quand on
veut énumérer une série de conditions, on remplace
souvent le deuxième *si* et les suivants par *que*. Le
que est alors suivi d'un verbe au subjonctif.

Si le train part avec du retard, qu'il y ait du
brouillard et que les gares soient encombrées,
nous n'arriverons certainement pas à assurer
cette correspondance.

16.2 Autres expressions de la condition : le sujet
des deux propositions est le même. Dans ce cas, on
peut avantageusement remplacer la proposition subordonnée introduite par *si* par un gérondif ou une
proposition infinitive.

16.2.1 Le gérondif

En partant de très bonne heure, nous serons sûrs
d'y parvenir en temps voulu.
(= si nous partons de très bonne heure)

16.2.2 L'infinitif. Les verbes infinitifs sont
introduits par des locutions prépositives comme *à*
condition de, à moins de, etc.

A condition de vous y prendre de la bonne manière,
vous n'aurez aucune difficulté à démonter cette
machine.

16.3 Autres expressions de la condition : les
sujets des deux propositions sont différents. Dans ce
cas, les infinitifs et les gérondifs ne sont pas
possibles. On peut, cependant, exprimer la condition

à l'aide de conjonctions, de prépositions et d'adverbes.

16.3.1 Conjonctions

+ subjonctif :
à condition que
à moins que
à supposer que
en admettant que
en supposant que
pour autant que
pour peu que
pourvu que
soit que...soit que
supposé que

+ indicatif :
du moment que
selon que
suivant que

+ conditionnel :
au cas où
dans le cas où
quand
quand bien même

Subjonctif :
En admettant qu'il réussisse à trouver un avocat,
 cet accusé pourra gagner sa cause.
Pour peu que le taux de chômage ait diminué, les
 électeurs choisiront le candidat sortant.

Indicatif :
«Selon que vous serez puissant ou misérable,
Les jugements de cour vous rendront blanc ou noir.»
(La Fontaine)

Conditionnel :
Au cas où vous attraperiez la jaunisse, restez au
 lit et appelez le médecin.

16.3.2 Expressions nominales. La condition peut également être exprimée par des noms introduits par des prépositions ou locutions prépositives telles que : *avec, dans, en, en cas de, sans, sauf,* etc. Dans la proposition indiquant le résultat de la condition, le verbe est alors généralement au futur.

Avec un peu de chance, les blés seront fauchés
 avant l'orage.
En mon absence, je vous autorise à utiliser mon
 bureau. (vous pourrez utiliser mon bureau)
Sauf catastrophe imprévue, cette épidémie sera vite
 enrayée.

16.3.3 Deux propositions indépendantes au conditionnel. Une tournure moins fréquente mais également possible, surtout dans la langue parlée, est de transformer la subordonnée en *si* par une proposition

indépendante, dont le verbe est alors au conditionnel. Les deux propositions sont séparées par une
virgule.

Tu serais à ma place, tu ferais bien la même chose.

16.3.4 Adverbes. Enfin, on exprime aussi l'éventualité à l'aide d'adverbes comme *autrement, sinon,*
etc. Dans ces cas, la condition est souvent exprimée
à l'impératif.

Dépêche-toi, autrement ta soupe sera froide.
(= Si tu ne te dépêches pas, ta soupe sera froide.)

16.4 L'hypothèse. A côté des constructions conditionnelles énoncées ci-dessus, on peut également
introduire des hypothèses par des expressions telles
que : *imaginons (que), supposons (que), et si +
imparfait,* etc.

*Imaginons une structure multilatérale. Les parties
ne seraient plus responsables à une seule autorité mais à plusieurs.*
*Supposons que cette étoile explose demain. Les
fragments se disperseraient dans la galaxie.*
Et si nous allions visiter cette exposition?

Dans ce dernier exemple, la conséquence résultant
de cette hypothèse reste généralement sous-entendue.

EXERCICES D'APPLICATION

Exercice 1. Dans le texte suivant, étudiez
l'expression de l'hypothèse, de la condition et de
l'éventualité :

«De même, si j'étais riche, j'aurais fait tout ce
qu'il faut pour le devenir ; je serais donc insolent
et bas, sensible et délicat pour moi seul, impi-
toyable et dur pour tout le monde, spectateur
dédaigneux des misères [...] de la canaille, car je
ne donnerais plus d'autre nom aux indigents, pour
faire oublier qu'autrefois je fus de leur classe.
Enfin, je ferais de ma fortune l'instrument de mes
plaisirs, dont je serais uniquement occupé ; et
jusque-là je serais comme tous les autres.
Mais en quoi je crois que j'en différerais beaucoup, c'est que je serais sensuel et voluptueux plu-

tôt qu'orgueilleux et vain, et que je me livrerais au
luxe de mollesse bien plus qu'au luxe d'ostentation.
J'aurais même quelque honte d'étaler trop ma richesse
[...]
   Je resterais toujours aussi près de la nature qu'il
serait possible pour flatter les sens que j'ai reçus
d'elle, bien sûr que plus elle mettrait du sien dans
mes jouissances, plus j'y trouverais de réalité.
[...] Ma sotte et grossière gourmandise n'enrichirait
point un maître d'hôtel ; il ne me vendrait point au
poids de l'or du poison pour du poisson ; ma table ne
serait point couverte avec appareil de magnifiques
ordures et charognes lointaines ; je prodiguerais ma
propre peine pour satisfaire ma sensualité.»
(Jean-Jacques Rousseau, *Emile* (Paris : Garnier-
Flammarion, 1966) pp. 451-452.)

   Exercice 2. Dans les phrases suivantes tirées aussi
d'*Emile*, mettez les verbes à la forme correcte.

(Si j'étais riche...)
   1. «je (vouloir) _____ tirer d'une saison
tout ce qu'elle a d'agréable, et d'un climat tout ce
qu'il a de particulier.»

   2. «j'(avoir) _____ une diversité de plaisirs et d'habitudes qui (ne point se ressembler) ____
_____ et qui (être) _____
toujours dans la nature, je (aller) _____
passer l'été à Naples et l'hiver à Petersbourg.»

   3. «si j'(avoir) _____ des cerises
quand il (geler) _____ et des melons
ambrés au coeur de l'hiver, avec quel plaisir les
(goûter) _____-je?»

   4. «je (ne point vouloir) _____ un
palais pour demeure ; car dans ce palais je n'(habiter) _____ qu'une chambre ; toute
pièce commune n'est à personne, et la chambre de
chacun de mes gens me (être) _____ aussi
étrangère que celle de mon voisin.»
(Jean-Jacques Rousseau, *Emile*, pp. 453-454.)

   Exercice 3. Terminez les phrases suivantes en faisant attention aux temps et aux formes des verbes.

   1. Si, dès son jeune âge, un enfant consacre le
plus clair de son temps à la lecture, ...

_____

_____

2. Il ne sera pas traumatisé si ses parents ...

_____

_____

3. Si sa mère n'était plus là, ...

_____

_____

4. Il faudrait exercer tous les muscles si ...

_____

_____

5. On leur aurait mieux enseigné l'histoire et la géographie si ...

_____

_____

_____

Exercice 4. Dans le texte suivant, mettez les verbes entre parenthèses à la forme convenable.

[Mme Dutour, la lingère, donne des conseils à Marianne, jeune fille pauvre.]
«Tenez, Marianne, [...] à votre place, je sais bien comme je (faire) _____ ; je (prendre) _____ d'abord tout ce que je (pouvoir) _____ [...] S'il vous (donner) _____ de l'argent, ne faites pas la sotte et (tendre) _____ _____ la main bien honnêtement [...] S'il vous (demander) _____ de l'amour, allons doucement ici, (jouer) _____ d'adresse, et (dire) _____-lui que cela (venir) _____ [...] Oh! s'il me venait un dévot qui m'en contât, il me (faire) _____ des présents jusqu'à la fin du monde avant que je lui (dire) _____ : (s'arrêter) _____»
(Marivaux, *La Vie de Marianne*)

Exercice 5. Récrivez les phrases suivantes en exprimant la condition et l'éventualité autrement que par des phrases conditionnelles en *si*.

1. Si nous avions eu un peu moins de malchance, nous y serions parvenus.

_____

_____

2. Si vous prenez vos billets à l'avance, vous aurez les meilleurs prix.

_____

_____

3. Si cette loi était en vigueur, les manifestations ne pourraient pas avoir lieu.

_____

_____

4. S'ils partent au point du jour, ils éviteront les embouteillages.

_____

_____

5. Si mon père n'était pas intervenu, la propriétaire m'aurait mis à la porte.

_____

_____

_____

Exercice 6. En imitant le passage de Rousseau, écrivez un ou deux paragraphes en expliquant ce que vous feriez, comment vous vivriez, si vous étiez riche.

Exercice 7. En vous inspirant des phrases de l'exercice 3, rédigez un paragraphe en donnant des conseils à de jeunes parents sur l'éducation de leurs enfants. Utilisez des phrases conditionnelles. (Voir aussi *Les responsabilités de l'enfant*, exercice 5, chapitre 20.)

Exercice 8. Nanon disait à Eugénie Grandet :
«Si j'avais eu un homme à moi, je l'aurais ...
suivi dans l'enfer. Je l'aurais ... quoi ... Enfin,
j'aurais voulu m'exterminer pour lui ; mais ...»
(Balzac, *Eugénie Grandet*)
Puisque Nanon est à court de mots, à vous de donner
des conseils précis à Eugénie.

17 L'expression de la cause et de la conséquence

17.1 Propositions indépendantes. La façon la plus facile d'exprimer des rapports de cause et de conséquence est de juxtaposer des propositions indépendantes. Elles peuvent être reliées simplement par deux points (:) ou par des conjonctions de coordination ou des locutions. Voici les principales :

ainsi	*dès lors*
alors	*donc*
aussi (+ inversion)	*d'où*
c'est pourquoi	*en conséquence*
de là	*par conséquent*

Il se sentait fatigué : il est allé se coucher.
Elle avait honte de s'être trompée ; par consé-
quent, elle n'a plus ouvert la bouche.

•Attention à ne pas abuser d'*alors*.

17.1.1 Noms exprimant la conséquence. On peut également introduire une nouvelle proposition en utilisant un nom accompagné d'un simple verbe. Voici des noms typiques :

l'aboutissement	*l'impact*
la conclusion	*l'issue*
la conséquence	*la portée*
l'effet	*la répercussion*
la fin	*le résultat*
le fruit	

«*La suite d'une telle situation est l'augmentation*
perpétuelle des tributs». (= impôts)
(Montesquieu)

17.2 Conjonctions de conséquence suivies de l'indicatif. On peut exprimer la conséquence dans des propositions subordonnées introduites par des conjonctions suivies de l'indicatif :

au point (à tel point) que
de (telle) façon que
de (telle) manière que
de (telle) sorte que
(tant et) si bien que

Il n'a pas de domestique, de sorte qu'il fait
toutes ses courses lui-même.

L'expression impersonnelle *il en résulte que* est aussi suivie de l'indicatif.

D'autres structures courantes sont construites à partir de *que* :

si, tellement + adjectif, adverbe + *que*
verbe + *tant, tellement* + *que*
tant de, tellement de + nom + *que*
tel + nom + *que*

Il est si gros qu'il ne tient pas dans ce fauteuil.
Ils ont tellement mangé qu'ils ont une indigestion.
Nous avons eu tant d'aventures que nous pouvons
facilement écrire un roman.
Il a fait un tel scandale qu'on l'a arrêté.

17.3 Conjonctions suivies du subjonctif. Après les conjonctions suivantes les propositions subordonnées de conséquence sont au subjonctif :

trop, assez + adjectif, adverbe + *pour que*
trop, assez de + nom + *pour que*

Elles avaient eu trop de mauvaises expériences pour
que ces propositions les intéressent.
J'ai fait assez d'investissements pour que vous
puissiez avoir un bel héritage.

17.4 Propositions infinitives. Avec les expressions précédentes, les propositions introduites par *pour que* sont remplacées par des propositions infinitives introduites par *pour* si le sujet des deux verbes est le même.

Elles avaient eu trop de mauvaises expériences pour
s'intéresser à ces propositions.
J'ai fait assez d'investissements pour vous laisser
un bel héritage.

17.5 Autres expressions de conséquence. Enfin, les verbes suivants permettent également d'indiquer des rapports de cause et de conséquence :

amener	*forcer*
attirer	*inciter*
causer	*occasionner*
créer	*procurer*
déchaîner	*provoquer*
déclencher	*soulever*
déterminer	*susciter*
entraîner	

Les actions sont alors exprimées à l'aide de noms :

Elle est entrée à l'improviste (cause) si bien que la conférence a été interrompue (conséquence).
→ *Son entrée imprévue (cause) a entraîné l'interruption de la conférence (conséquence).*

17.6 Expression de la cause. Dans les exemples précédents, on pourrait également exprimer la cause au moyen de conjonctions ou de locutions prépositives. (Voir 13.3.2 et 13.3.4). Voici les plus courantes :

Conjonctions :
car
c'est que
comme
d'autant plus que
de crainte que
de peur que
étant donné que
puisque
vu que

Loc. prépositives
à cause de
de crainte de
de peur de
étant donné (invar.)
en raison de

Comme elles avaient eu trop de mauvaises expériences, ces propositions ne les intéressaient pas.
Puisque j'ai fait assez d'investissements, vous pourrez avoir un bel héritage.
La conférence a été interrompue car (parce qu') elle est entrée à l'improviste.

Enfin, le participe présent exprime aussi parfois la cause :

N'ayant rien trouvé, j'ai abandonné mes recherches.
(= puisque je n'avais rien trouvé)

EXERCICES D'APPLICATION

Exercice 1. Complétez les phrases suivantes au moyen des expressions de conséquence indiquées entre parenthèses.

1. (par conséquent) J'ai gagné le gros lot à la Loterie nationale ...

----

2. (trop ... pour que) Ce roman était long ...

----

3. (assez ... pour) Votre recette semble facile ...

----

4. (de telle manière que) Mon architecte veut étudier le projet ...

----

5. (tellement que) Cet enfant mentait ...

----

6. (si ... que) Le champion a couru vite ...

----

7. (si bien que) Le conférencier a fait passer des diapositives ...

----

8. (à tel point que) Les averses ont été fortes ...

----

9. (de sorte que) On n'interroge jamais leurs étudiants ...

----

10. (de façon que) Ma grand-mère m'a invité depuis longtemps ...

Exercice 2. Transformez les phrases suivantes pour exprimer la conséquence par des propositions subordonnées à l'indicatif ou au subjonctif.

1. L'absence du directeur incita les employés à un laisser-aller temporaire.

----

2. Le manque de communication entre la mère et l'enfant occasionne des désordres affectifs.

----

3. La réapparition des insectes a provoqué le ravage des campagnes.

----

4. Le ralentissement des ventes a causé une certaine baisse de la production.

----

5. La disparition subite du Président entraîna l'investiture du Vice-Président.

Exercice 3. Récrivez les phrases suivantes en faisant l'inverse de l'exercice précédent.

1. Il est interdit de fumer dans l'avion ; par conséquent, les passagers fumeurs sont mécontents.

_____

_____

2. Nous avons eu une panne de voiture, de telle sorte que nous sommes arrivés en retard.

_____

_____

3. Les transports publics étaient en grève. C'est pourquoi les routes étaient encombrées.

_____

_____

4. On a abusé des pesticides ; aussi a-t-on détruit diverses espèces d'oiseaux.

_____

_____

5. Des espaces naturels sont réservés aux animaux, si bien qu'ils se reproduisent en plus grand nombre.

_____

_____

_____

Exercice 4. Rédigez quelques phrases dans lesquelles vous vous excuserez de ne pas avoir accompli diverses activités, en expliquant pourquoi. Employez diverses façons d'exprimer la cause.

18 L'articulation du paragraphe

En plus des expressions de coordination et de subordination que nous avons répertoriées dans les chapitres précédents, il existe aussi en français de nombreuses manières de marquer l'addition, l'opposition, la restriction et la concession. Ces transitions indiquent les articulations logiques de la pensée.

18.1 Expressions marquant l'addition. Pour marquer l'addition ou ajouter des informations supplémentaires, les expressions suivantes sont parmi les plus fréquentes :

ainsi que	*(et) surtout*
d'ailleurs	*ni...ni*
de même	*notamment*
de plus	*ou...ou, ou bien*
d'une part...d'autre part	*outre*
également	*par ailleurs*
en ce qui concerne	*par exemple*
en effet	*particulièrement, en*
et	*particulier*
(et) aussi	*quant à*
(et) encore	*soit...soit*
(et) même	*surtout*
(et) puis	

18.2 L'expression de l'opposition, de la restriction et de la concession. Voici tout d'abord un certain nombre de conjonctions de coordination et d'autres expressions qui peuvent indiquer l'opposition, la restriction et la concession.

à défaut de	*non pas*
au contraire	*non plus*
autrement	*par contre*
cependant	*pourtant*
certes...mais	*quand (bien) même*
du moins	*sauf*

en revanche	*sauf si*
évidemment...mais	*sinon*
mais	*tout de même*
malgré	*toutefois*
malgré tout	

Les conjonctions exprimant l'opposition sont suivies de l'indicatif. Celles qui marquent la concession ou la restriction sont suivies du subjonctif :

+ indicatif :
alors que
tandis que
au lieu que

+ subjonctif :
à moins que
bien que
encore que
non que
où que
que...que
quoique
sans que

Rappelez-vous également les structures construites avec le subjonctif comme :

pour + adjectif + *que*
quelque + adjectif + *que*
si + adjectif + *que*
quel (quels, quelle, quelles) que + *être* + nom

Enfin, les expressions verbales suivantes : *avoir beau* + infinitif, *quitte à* + infinitif.

Ils ont beau s'efforcer de vivre normalement, les circonstances ne le leur permettent pas toujours.
Nous avons choisi de partir exactement à midi, quitte à prendre un taxi pour arriver à temps.

18.3 Exemples de paragraphes. Examinons donc au moyen d'exemples l'usage de ces différentes articulations.

Exemple (1) :
La liberté consiste à pouvoir faire tout ce qui ne nuit pas à autrui : ainsi, l'exercice des droits naturels de chaque homme n'a de bornes que celles qui assurent aux autres membres de la société la jouissance de ces mêmes droits. Ces bornes ne peuvent être déterminées que par la loi. (Art. 4)

La libre communication des pensées et des opinions est un des droits les plus précieux de l'homme ; tout citoyen peut donc parler, écrire, imprimer librement, sauf à répondre de l'abus de cette liberté dans les cas déterminés par la loi. (Art. 11) (*Déclaration des droits de l'homme*, 1789)

Ces deux paragraphes sont organisés de la même façon : une déclaration est d'abord énoncée ; un exemple est introduit par *ainsi* dans l'article 4 ; la conséquence est exprimée par *donc* dans l'article 11. Les restrictions sont indiquées par *ne que* dans l'article 4 et *sauf à* dans l'article 11.

Exemple (2) :
Aucun homme n'a reçu de la nature le droit de commander aux autres. La liberté est un présent du ciel, et chaque individu de la même espèce a le droit d'en jouir aussitôt qu'il jouit de la raison. Si la nature a établi quelque autorité, c'est la puissance paternelle : mais la puissance paternelle a ses bornes ; et dans l'état de nature elle finirait aussitôt que les enfants seraient en état de se conduire. Toute autre autorité vient d'une autre origine que la nature. Qu'on examine bien, et on la fera toujours remonter à l'une de ces deux sources: ou la force et la violence de celui qui s'en est emparé ; ou le consentement de ceux qui s'y sont soumis par un contrat fait ou supposé entre eux, et celui à qui ils ont déféré l'autorité. La puissance qui s'acquiert par la violence, n'est qu'une usurpation, et ne dure qu'autant que la force de celui qui commande l'emporte sur celle de ceux qui obéissent ; en sorte que si ces derniers deviennent à leur tour les plus forts, et qu'ils secouent le joug, ils le font avec autant de droit et de justice que l'autre qui le leur avait imposé. La même loi qui a fait l'autorité, la défait alors : c'est la loi du plus fort.
(Diderot, Article «Autorité politique», *Encyclopédie ou Dictionnaire raisonné des sciences, des arts et des métiers*)

Ce paragraphe est plus complexe que les précédents. Il débute cependant de la même façon, par une déclaration (les deux premières phrases). La justification de l'autorité naturelle est introduite par *si la nature...*, et *mais* introduit une restriction à cette autorité. Puis Diderot énonce les sources de *toute autre autorité*, présentées par *ou ... ou*. Il examine ensuite chacune de ces sources. Dans ce paragraphe il analyse la première, c'est-à-dire, la violence, et ses conséquences (*en sorte que*). La conclusion est indiquée par *alors*.

Exemple (3) :
    L'empire de l'homme sur les animaux est un empire légitime qu'aucune révolution ne peut détruire ; c'est l'empire de l'esprit sur la matière, c'est non seulement un droit de nature, un pouvoir fondé sur des lois inaltérables, mais c'est encore un don de Dieu, par lequel l'homme peut reconnaître à tout instant l'excellence de son être ; car ce n'est pas parce qu'il est le plus parfait, le plus fort et le plus adroit des animaux, qu'il leur commande : s'il n'était que le premier du même ordre, les seconds se réuniraient pour lui disputer l'empire ; mais c'est par supériorité de nature que l'homme règne et commande ; il pense, et dès lors il est maître des êtres qui ne pensent point.
(Buffon, *Histoire naturelle*, extraits (Paris : Quillet, 1930) p. 214.)

Ici encore, Buffon énonce son idée principale dans la première phrase ; il justifie la légitimité de la domination de l'homme qui est *non seulement* naturelle, *mais encore* divine. Cette deuxième idée est expliquée à partir de *car*, en justifiant la supériorité de l'homme (il est de nature différente, ce qui est développé dans l'hypothèse *s'il n'était...*). Il conclut son raisonnement par *dès lors*.

Exemple (4) :
    Lorsqu'on lit Procope sur les édifices de Justinien, et qu'on voit les places et les forts que ce prince fit élever partout, il vient toujours dans l'esprit une idée, mais bien fausse, d'un Etat florissant.
    D'abord les Romains n'avaient point de places : ils mettaient toute leur confiance dans leurs armées, qu'ils plaçaient le long des fleuves, où ils élevaient des tours, de distance en distance, pour loger les soldats.
    Mais, lorsqu'on n'eut plus que de mauvaises armées, que souvent même on n'en eut point du tout, la frontière ne défendant plus l'intérieur, il fallut le fortifier ; et alors on eut plus de places et moins de forces, plus de retraites et moins de sûreté. La campagne n'étant plus habitable qu'autour des places fortes, on en bâtit de toutes

parts. Il en était comme de la France du temps des Normands, qui n'a jamais été si faible que lorsque tous ses villages étaient entourés de murs.

Ainsi toutes ces listes de noms des forts que Justinien fit bâtir, dont Procope couvre des pages entières, ne sont que des monuments de la faiblesse de l'empire.

(Montesquieu, *Considérations sur les causes de la grandeur des Romains et de leur décadence*, XX (Paris : Quillet, 1930) pp. 177-178.)

En concluant son chapitre sur le gouvernement de l'empereur Justinien, Montesquieu établit dans ces quatre paragraphes des relations de temps aussi bien que de cause et de conséquence. Remarquez *lorsque*, repris par *que* et *toujours* dans le premier paragraphe, *d'abord* dans le second, et *lorsque*, *souvent*, *alors*, *du temps de* dans le troisième. Ces locutions marquent la progression temporelle.

Il réfute l'idée du premier paragraphe (*un Etat florissant*) en démontrant que la construction multipliée de tours et de places fortes est allée de pair avec l'affaiblissement de l'Empire. La cause est exprimée par les participes présents *ne défendant plus*, *n'étant plus habitable*. La conséquence est indiquée par *et alors* et la conclusion du raisonnement est introduite par *ainsi*.

EXERCICES D'APPLICATION

Exercice 1. Relevez et expliquez les articulations logiques du paragraphe suivant.

«Ces grandes flottes, non plus que les grandes armées de terre, n'ont guère jamais réussi. Comme elles épuisent un Etat, si l'expédition est longue, ou que quelque malheur leur arrive, elles ne peuvent être secourues ni réparées ; si une partie se perd, ce qui reste n'est rien, parce que les vaisseaux de guerre, ceux de transport, la cavalerie, l'infanterie, les munitions, enfin les diverses parties, dépendent du tout ensemble. La lenteur de l'entreprise fait qu'on trouve toujours des ennemis préparés ; outre qu'il est rare que l'expédition se fasse jamais dans une saison commode ; on tombe dans le temps des orages ; tant de choses n'étant presque jamais prêtes que quelques mois plus tard qu'on ne se l'était promis.»

(Montesquieu, *Considérations...*, p. 172.)

Exercice 2. Dégagez l'organisation du texte suivant et appréciez les répétitions. Relevez les conjonctions et les adverbes de temps.

«Tant que les hommes se contentèrent de leurs cabanes rustiques, tant qu'ils se bornèrent à coudre leurs habits de peaux avec des épines ou des arêtes, à se parer de plumes et de coquillages, à se peindre le corps de diverses couleurs, à perfectionner ou embellir leurs arcs et leurs flèches, à tailler avec des pierres tranchantes quelques canots de pêcheurs ou quelques grossiers instruments de musique ; en un mot, tant qu'ils ne s'appliquèrent qu'à des ouvrages qu'un seul pouvait faire, et qu'à des arts qui n'avaient pas besoin du concours de plusieurs mains, ils vécurent libres, sains, bons et heureux autant qu'ils pouvaient l'être par leur nature, et continuèrent à jouir entre eux des douceurs d'un commerce indépendant. Mais, dès l'instant qu'un homme eut besoin du secours d'un autre, dès qu'on s'aperçut qu'il était utile à un seul d'avoir des provisions pour deux, l'égalité disparut, la propriété s'introduisit, le travail devint nécessaire, et les vastes forêts se changèrent en des campagnes riantes qu'il fallut arroser de la sueur des hommes, et dans lesquelles on vit bientôt l'esclavage et la misère germer et croître avec les moissons.»
(Rousseau, *De l'inégalité parmi les hommes*, O.C., II (Paris : Seuil, 1967) p. 231.)

Note : *Dès l'instant que* est vieilli. On dit maintenant *dès l'instant où*.

Exercice 3. Lisez attentivement le texte suivant.

«Si j'avais à soutenir le droit que nous avons eu de rendre les nègres esclaves, voici ce que je dirais :
Les peuples d'Europe ayant exterminé ceux de l'Amérique, ils ont dû mettre en esclavage ceux de l'Afrique, pour s'en servir à défricher tant de terres.
Le sucre serait trop cher, si l'on ne faisait travailler la plante qui le produit par des esclaves.
Ceux dont il s'agit sont noirs depuis les pieds jusqu'à la tête ; et ils ont le nez si écrasé qu'il est presque impossible de les plaindre.
On ne peut se mettre dans l'idée que Dieu, qui est un être très sage, ait mis une âme, surtout une âme bonne, dans un corps tout noir.

Il est si naturel de penser que c'est la couleur qui constitue l'essence de l'humanité, que les peuples d'Asie, qui font des eunuques, privent toujours les noirs du rapport qu'ils ont avec nous d'une façon plus marquée.

On peut juger de la couleur de la peau par celle des cheveux, qui, chez les Egyptiens, les meilleurs philosophes du monde, étaient d'une si grande conséquence, qu'ils faisaient mourir tous les hommes roux qui leur tombaient entre les mains.

Une preuve que les nègres n'ont pas le sens commun, c'est qu'ils font plus de cas d'un collier de verre que de l'or, qui, chez des nations policées, est d'une si grande conséquence.

Il est impossible que nous supposions que ces gens-là soient des hommes : parce que, si nous les supposions des hommes, on commencerait à croire que nous ne sommes pas nous-mêmes chrétiens.

De petits esprits exagèrent trop l'injustice que l'on fait aux Africains. Car, si elle était telle qu'ils le disent, ne serait-il pas venu dans la tête des princes d'Europe, qui font entre eux tant de conventions inutiles, d'en faire une générale en faveur de la miséricorde et de la pitié?»
(Montesquieu, *Esprit des Lois*, XV, dans Jean Starobinski, *Montesquieu par lui-même* (Paris : Seuil, 1957) pp. 175-176.)

1. Etude des pronoms relatifs et démonstratifs. Relevez les pronoms relatifs et indiquez leurs antécédents.

2. Etude des conditionnels. Relevez les propositions conditionnelles introduites par *si*.

3. Etude des expressions de cause et de conséquence. Quelles sont les phrases dans lesquelles *si* marque la conséquence ou la cause?

4. La coordination. Pour démontrer qu'il réprouve la pratique de l'esclavage, Montesquieu procède par ironie. Quelles expressions de transition (temporelles et autres) pourrait-on ajouter au texte?

5. Rédaction. Démontrez à la manière ironique de Montesquieu, l'absurdité d'une pratique que vous jugez injustifiable.

19 Le plan détaillé

19.0 Introduction. Les diverses articulations étudiées aux chapitres précédents nous permettent à présent d'établir le plan de développements plus complexes.

Pour dégager le plan d'un texte, ce qui est un travail préliminaire essentiel à la rédaction d'un résumé, il est important :

—de bien comprendre l'idée principale
—de donner, le cas échéant, un titre au passage
—de relever les mots clés de chaque paragraphe
—de noter les transitions qui marquent l'articulation du développement.

19.1 Exemple (1) : texte
[Pierre Mendès France parle du problème des emplois.]

¶1 Je voudrais [...] vous signaler certaines catégories de demandeurs d'emplois qui sont plus menacées que les autres.

¶2 D'abord, les femmes qui souhaitent travailler : soit des célibataires, soit des femmes, généralement un peu plus âgées, qui ont élevé leurs enfants et désirent retrouver un métier et un salaire. Leurs demandes d'emplois augmentent plus vite que celles des hommes et elles forment le gros contingent des demandeurs insatisfaits. C'est dû, en partie, au manque de formation professionnelle.

¶3 Il y a aussi les jeunes ; selon un rapport de l'O.C.D.E., leur arrivée sur le marché du travail va augmenter de cinq cent à sept cent mille unités en peu d'années. Les générations d'avant guerre sont et seront de plus en plus menacées par celles d'après 1945. Celles-ci cherchent surtout des emplois tertiaires, ce qui, dans certaines régions, crée des difficultés supplémentaires. L'hiver dernier, la proportion des jeunes chômeurs s'est accrue.

¶4 Le surcroît de jeunes que nous avons connu ou celui qui s'annonce pour demain, contrairement à une idée répandue, n'est pas un malheur mais un bienfait. S'il y a eu un malheur dans le passé, c'est qu'ils aient été si mal renseignés et si mal accueillis. Mais nous n'avons pas lieu de nous plaindre du million de garçons et filles qui ont trouvé un emploi dans les années 1960 : ils ont constitué une aubaine, non seulement pour la Sécurité sociale (puisqu'ils ont fourni de nouvelles cotisations, sans bénéficier généralement d'avantages substantiels), mais encore pour le pays, puisqu'ils ont aidé à produire, tout en contribuant à soulager pour tous, des frais généraux et des dépenses marginales mieux réparties et amorties. Ils ont facilité des transitions et ils continueront ; seulement, ne les dirigeons pas vers des activités finalement stériles ou en déclin, comme c'est quelquefois le cas aujourd'hui. (Pierre Mendès France, *Choisir* (Paris : Stock, 1974) pp. 301-302.)

19.1.1 Exemple (1) : analyse

L'idée principale de cet extrait d'un chapitre intitulé «Les soucis de la France» est indiquée dans le ¶1 : les catégories de demandeurs d'emploi. Le titre pourrait donc en être *Catégories menacées de demandeurs d'emploi* ou *Groupes de chômeurs menacés*.

Parmi les mots clés du ¶1 sont, bien entendu, *catégories, demandeurs, menacées*. Dans le ¶2, *femmes, célibataires, âgées, retrouver, augmentent plus vite, gros contingent, manque de formation*. Dans le ¶3, *jeunes, augmenter, tertiaires*. Dans le ¶4 *contrairement, bienfait, une aubaine, Sécurité sociale, produire, frais généraux, facilité, dirigeons*.

Les transitions sont marquées dans le ¶2 par *d'abord* (début d'une énumération), *soit ... soit* (pour définir chaque groupe) et *c'est dû* (pour indiquer la cause de l'augmentation des chômeurs-femmes. Dans le ¶3 *aussi* reprend la suite de l'énumération et *ce qui* introduit la conséquence. *Contrairement à* marque, au début du ¶4, une transition importante pour annoncer une idée paradoxale. *Si ... c'est que* introduisent la cause du malheur dans le passé. *Mais* présente l'argument de Mendès France que l'accroissement des jeunes travailleurs n'est pas un malheur ; cet argument se développe avec *non seulement ... mais encore* et *puisque*. Le paragraphe se termine par un avertissement, *seulement, ne les dirigeons pas...*

Le plan, schématique mais assez détaillé pour servir de notes de lecture, montre l'organisation du texte et contient en général, un grand nombre de mots clés. Il n'est pas nécessaire de rédiger des phrases complètes.

19.1.2 Exemple (1) : plan

Voici le genre de plan qu'on pourrait préparer pour l'exemple (1) :

Titre : Catégories menacées de demandeurs d'emplois

¶1 (introduction) Sujet : les catégories de demandeurs d'emplois menacés

¶2 1ère catégorie — les femmes :
    célibataires
    celles désirant réintégrer le marché du travail
    Menace :
    manque de formation d'où nombre de chômeuses supérieur à celui des chômeurs

¶3 2ème catégorie — les jeunes :
    forte augmentation prévue parmi la génération d'après-guerre
    Menace :
    croissance du chômage dans le secteur tertiaire

¶4 Paradoxe apparent — avantages de l'accroissement du nombre des jeunes :
    financement de la Sécurité sociale
    augmentation de la production
    meilleure répartition des dépenses
    Conclusion : importance d'une bonne orientation

19.2 Exemple (2) : texte

¶1 Pendant un très long temps, l'idée ne pouvait même pas venir à l'homme qu'il eût à user de ménagements envers la nature, tant celle-ci lui apparaissait hors de proportion avec les effets qu'il était capable d'exercer sur elle. Mais voilà que, depuis quelques décennies, la situation se retourne... Par suite de la prolifération effrénée des êtres humains, par suite de l'extension des besoins et des appétits qu'entraîne cette surpopulation, par suite de l'énormité des pouvoirs qui découlent du progrès des sciences et des techniques, l'homme est en passe de devenir, pour la géante nature, un adversaire qui n'est rien moins que négligeable soit qu'il menace d'en épuiser les ressources, soit qu'il introduise en elle des causes de détérioration et de déséquilibre.

¶2 Désormais, l'homme s'avise que, dans son propre intérêt, bien entendu, il lui faut surveiller, contrôler sa conduite envers la nature, et souvent protéger celle-ci contre lui-même.

¶3 Ce souci, ce devoir de sauvegarder la nature, on en parle beaucoup à l'heure présente ; et ce ne sont plus seulement les naturalistes qui en rappellent la nécessité : il s'impose à l'attention des hygiénistes, des médecins, des sociologues, des économistes, des spécialistes de la perspective, et plus généralement de tous ceux qui s'intéressent à l'avenir de la condition humaine [...]

¶4 Multiples sont, de vrai, les motifs que nous avons de protéger la nature.

¶5 Et d'abord, en défendant la nature, l'homme défend l'homme : il satisfait à l'instinct de conservation de l'espèce. Les innombrables agressions dont il se rend coupable envers le milieu naturel — envers «l'environnement», comme on prend coutume de dire — ne vont pas sans avoir des conséquences funestes pour sa santé et pour l'intégrité de son patrimoine héréditaire [...]

¶6 Protéger la nature, c'est donc, en premier lieu, accomplir une tâche d'hygiène planétaire. Mais il y a, en outre, le point de vue, plus intellectuel mais fort estimable, des biologistes qui, soucieux de la nature pour elle-même, n'admettent pas que tant d'espèces vivantes — irremplaçable objet d'études — s'effacent de la faune et de la flore terrestres, et qu'ainsi, peu à peu, s'appauvrisse, par la faute de l'homme, le somptueux et fascinant Musée que la planète offrait à nos curiosités.

¶7 Enfin, il y a ceux-là — et ce sont les artistes, les poètes, et donc un peu tout le monde — qui, simples amoureux de la nature, entendent la conserver parce qu'ils y voient un décor vivant et vivifiant, un lien maintenu avec la plénitude originelle, un refuge de paix et de vérité — «l'asile vert cherché par tous les coeurs déçus» (Edmond Rostand) —, parce que, dans un monde envahi par la pierraille et la ferraille, ils prennent le parti de l'arbre contre le béton, et ne se résignent pas à voir les printemps devenir silencieux...

(Jean Rostand, préface à *L'homme ou la nature?* d'Edouard Bonnefous (*Documents J'ai lu*). pp. 5-7.)

19.2.1 Exemple (2) : analyse

L'idée principale du texte est la nécessité de défendre et de sauvegarder la nature et les raisons de ce devoir. Le titre que l'on pourrait donner au passage serait donc, *Le devoir de sauvegarder la nature*.

Les mots clés du ¶1, par exemple, sont *un très long temps, ménagement, depuis quelques décennies, se retourne, prolifération, surpopulation, énormité, progrès, adversaire, épuiser, détérioration, déséquilibre.*
Les principaux mots de liaison du ¶1 marquent l'opposition entre *pendant un très long temps* et *depuis quelques décennies* et la causalité est indiquée par l'expression *par suite de. Soit que ... soit que* permet d'expliciter les raisons pour lesquelles l'homme est devenu *un adversaire* de la nature. *Depuis quelques décennies* est repris par *désormais* au ¶2 et à *l'heure présente* et *plus seulement* au ¶3. La transition du court ¶4 annonce l'énumération des raisons de protéger la nature. Aux ¶5, 6 et 7, *et d'abord, donc, en premier lieu, en outre, enfin* présentent successivement ces diverses raisons.
Le plan suivant pourrait donc schématiser l'argument de Jean Rostand :

19.2.2 Exemple (2) : plan
Titre : Le devoir de sauvegarder la nature
Introduction : l'ancienne idée de l'invulnérabilité de la nature
1ère partie : renversement actuel de la situation : l'homme devient l'adversaire de la nature
Causes :
  explosion démographique
  accroissement des besoins
  progrès scientifique et technique
Prise de conscience de la nécessité de protéger la nature :
  par certains groupes spécialisés
  par la population entière
2ème partie : raisons de protéger la nature :
  assurer l'avenir de l'humanité
  sauvegarder toutes les espèces qui marquent la richesse de la nature
  préserver un lieu de paix nécessaire à l'épanouissement de l'homme

Remarquez que ce plan ne suit pas exactement la division du texte en paragraphes.

EXERCICES D'APPLICATION

Exercice 1. Etudiez le texte qui suit selon la méthode proposée ci-dessus (idée principale, mots clés, articulations de la pensée). Donnez un titre à ce passage et faites-en un plan détaillé.

¶1 «Quoiqu'en tout, ce qui nuit paraisse plus abondant que ce qui sert, cependant tout est bien, parce que dans l'univers physique le mal concourt au bien, et que rien en effet ne nuit à la nature. Si nuire est détruire des êtres animés, l'homme, considéré comme faisant partie du système général de ces êtres n'est-il pas l'espèce la plus nuisible de toutes? Lui seul immole, anéantit plus d'individus vivants, que tous les animaux carnassiers n'en dévorent. Ils ne sont donc nuisibles que parce qu'ils sont rivaux de l'homme, parce qu'ils ont les mêmes appétits, le même goût pour la chair, et que, pour subvenir à un besoin de première nécessité, ils lui disputent quelquefois une proie qu'il réservait à ses excès ; car nous sacrifions plus encore à notre intempérance, que nous ne donnons à nos besoins. Destructeurs-nés des êtres qui nous sont subordonnés, nous épuiserions la nature si elle n'était pas inépuisable, si, par une fécondité aussi grande que notre déprédation, elle ne savait se réparer elle-même et se renouveler. Mais il est dans l'ordre que la mort serve à la vie, que la reproduction naisse de la destruction ; quelque grande, quelque prématurée que soit donc la dépense de l'homme et des animaux carnassiers, le fond, la quantité totale de substance vivante, n'est point diminué ; et s'ils précipitent les destructions, ils hâtent en même temps des naissances nouvelles [...]

¶2 Ainsi la mort violente est un usage presque aussi nécessaire que la loi de la mort naturelle ; ce sont deux moyens de destruction et de renouvellement, dont l'un sert à entretenir la jeunesse perpétuelle de la nature, et dont l'autre maintient l'ordre de ses productions, et peut seul limiter le nombre dans les espèces. Tous deux sont des effets dépendants des causes générales : chaque individu qui naît tombe de lui-même au bout d'un temps ; ou lorsqu'il est prématurément détruit par les autres, c'est qu'il était surabondant.»
(Buffon, *Histoire naturelle*, extraits, pp. 273-275.)

Exercice 2. Le texte de Buffon et celui de Jean Rostand reflètent manifestement des conceptions bien différentes. Dégagez les arguments qui s'opposent.

Exercice 3. Le texte suivant est le célèbre «Appel aux Français» du Général de Gaulle prononcé à la radio de Londres le 18 juin 1940. Etudiez-le suivant la méthode proposée ci-dessus et faites-en ensuite un plan détaillé.

¶1 «Le Gouvernement français, après avoir demandé l'armistice, connaît maintenant les conditions dictées par l'ennemi. Il résulte de ces conditions que les Forces françaises de terre, de mer et de l'air seraient entièrement démobilisées, que nos armes seraient livrées, que le territoire français serait totalement occupé et que le Gouvernement français tomberait sous la dépendance de l'Allemagne et de l'Italie. On peut donc dire que cet armistice serait non seulement une capitulation, mais encore un asservissement. Or, beaucoup de Français n'acceptent pas la capitulation ni la servitude pour des raisons qui s'appellent l'honneur, le bon sens, l'intérêt suprême de la Patrie. Je dis «l'honneur», car la France s'est engagée à ne déposer les armes que d'accord avec ses alliés. Tant que ses alliés continuent la guerre, son gouvernement n'a pas le droit de se rendre à l'ennemi. Le gouvernement polonais, le gouvernement norvégien, le gouvernement hollandais, le gouvernement belge, le gouvernement luxembourgeois, quoique chassés de leur territoire, ont compris ainsi leur devoir.

¶2 Je dis «le bon sens», car il est absurde de considérer la lutte comme perdue. Oui, nous avons subi une grande défaite. Un système militaire mauvais, les fautes commises dans la conduite des opérations, l'esprit d'abandon du gouvernement pendant ces derniers combats nous ont fait perdre la bataille de France ; mais il nous reste un vaste empire, une flotte intacte, beaucoup d'or, il nous reste des alliés dont les ressources sont immenses et qui dominent les mers. Il nous reste les gigantesques possibilités de l'industrie américaine. Les mêmes conditions de la guerre qui nous ont fait battre par 5 000 avions et 6 000 chars peuvent nous donner demain la victoire par 20 000 chars et 20 000 avions. Je dis «l'intérêt supérieur de la Patrie» car cette guerre n'est pas une guerre franco-allemande qu'une bataille puisse décider. Cette guerre est une guerre mondiale. Nul ne peut prévoir si les peuples qui sont neutres aujourd'hui le resteront demain. Même les alliés de l'Allemagne resteront-ils toujours ses alliés? Si les forces de la Liberté triomphent finalement de celles de la servitude, quel serait le destin d'une France qui se serait soumise à l'ennemi? L'honneur, le bon sens, l'intérêt supérieur de la Patrie commandent à tous les Français libres de continuer le combat, là où ils sont et comme ils pourront!

¶3 Il est par conséquent nécessaire de grouper partout où cela se peut, une force française aussi grande que possible : tout ce qui peut être réuni, en fait d'éléments militaires français et de capacité française de production d'armement doit être organisé, partout où il y en a.

¶4 Moi, Général de Gaulle, j'entreprends ici, en Angleterre, cette tâche nationale. J'invite tous les militaires français des armées de Terre, de Mer et de l'Air, j'invite les ingénieurs et les ouvriers français spécialistes de l'armement qui se trouvent en territoire britannique ou qui pourraient y parvenir à se réunir à moi. J'invite les chefs, les soldats, les marins, les aviateurs des forces françaises de Terre, de Mer, de l'Air où qu'ils se trouvent actuellement, à se mettre en rapport avec moi. J'invite tous les Français qui veulent rester libres à m'écouter et à me suivre.

¶5 Vive la France libre, dans l'honneur et dans l'indépendance!»

(Texte de l'émission radiophonique prononcée par Charles de Gaulle, citée dans Peter Schofer et Donald Rice, *Autour de la littérature* (Heinle & Heinle, 1987) pp. 69-70.)

Exercice 4. Dans le texte suivant, Maria Deraismes, féministe du XIXème siècle fait une plaidoirie pour défendre les «Pétroleuses» en 1871, au moment de la Commune. Comparez l'argumentation de ce texte à celle des deux précédents, relevez les articulations du raisonnement et faites-en un plan détaillé.

¶1 «Le 5 septembre dernier, le quatrième conseil de guerre condamnait à mort trois femmes sur cinq, pour excitation à la guerre civile et participation aux incendies qui ont ravagé Paris pendant les derniers jours de la Commune.

¶2 Ce jugement m'a semblé fort rigoureux, surtout en le comparant au verdict rendu quelques jours auparavant à propos des dix-sept membres de la Commune, dont deux seulement ont entendu prononcer contre eux la peine capitale. Certes, je loue toujours un tribunal de son indulgence et de sa pitié. Seulement, je voudrais que cette indulgence, que cette pitié ne fussent ni arbitraires, ni intermittentes, et

qu'elles s'appliquassent, dans toutes les circonstances et quels que soient la qualité et le sexe des
accusés, avec une égale impartialité. Bien que la loi
condamne les incendiaires à mort, elle admet cependant les circonstances atténuantes ; et c'est le cas
d'en invoquer ici : il s'agit d'un crime collectif.
Or l'on sait que dans un crime collectif la part de
responsabilité n'est pas la même pour tous. La culpabilité est plus grande là où il y a initiative
personnelle. Ces femmes, dites pétroleuses, n'ont
point conçu le plan de destruction ; ce ne sont pas
elles qui ont donné des ordres pour le faire exécuter ; à l'inverse, elles les ont reçus ; ce ne sont
pas elles qui ont transporté les tonnes de pétrole ;
elles n'ont fait que suivre un mouvement populaire et
qu'y prêter leur concours ; de plus, elles ont
accompli ces actes sauvages dans des conditions
physiologiques exceptionnelles. La crise du siège et
de la Commune avait surexcité toutes les passions ; à
la dernière période, elles arrivèrent à la frénésie.
Ensuite, que sont ces femmes? Ce sont des misérables
créatures élevées dans des bouges en compagnie de
libertins et de débauchés, dénuées, en un mot, de
toutes notions de morale, joignant à la plus profonde
ignorance, la corruption dès le berceau. Sur ces cinq
déshéritées, on en condamne trois à mourir. On donne
pour raison que ces femmes sont la honte de leur sexe
et l'écume de la société.

¶3 Hélas! Je m'occupe beaucoup moins de l'écume que
des causes qui la produisent.

¶4 Maintenant, si je mets en regard les faits et
gestes des chefs de la Commune, j'y aperçois une bien
autre gravité. La plupart sont des hommes instruits ;
quelques-uns appartiennent à des familles honorables
et aisées ; plusieurs ont passé l'âge des illusions
et des folies. C'est durant leur autorité que ces
actes atroces se sont accomplis. Pourtant, sur dix-
sept accusés, quinze échappent au châtiment le plus
sévère ; et sur les deux appelés à le subir, le premier est reconnu coupable de participation à l'assas-
sinat. Tous trouvent des défenseurs. Tandis que ces
malheureuses, livrées à elles-mêmes, sont privées de
ce dernier appui ; c'est à qui désertera la place. Un
seul lieutenant, homme de coeur et de grand sens,
improvise une plaidoirie. Il s'excuse d'abord de son
peu d'éloquence ; il annonce qu'il sera court. Mais
en dépit de sa modestie, ce jeune homme devient éloquent, très éloquent même ; car il touche du doigt la
justice et la vérité. Cependant le réquisitoire du
commissaire du gouvernement l'emporta. Pourquoi? Est-

ce parce qu'il est fait avec plus d'art? Point. C'est
parce qu'il a chatouillé agréablement l'orgueil masculin devant un tribunal et un jury essentiellement
composés d'hommes. Il est certain que dès que l'égalité n'est pas complète devant la loi entre l'homme
et la femme, celle-ci n'est jamais jugée par ses
pairs.»
(Maria Desraimes, dans *L'avenir des femmes*, 24 septembre 1871.)

Exercice 5. Analysez les articulations logiques et
temporelles de ce texte contemporain et préparez-en
un plan détaillé.

La querelle de la nationalité

¶1 «Les Français ont trouvé un nouveau sujet de
discorde : à propos du droit de la nationalité.
Tâchons d'y voir clair.

¶2 D'abord le Conseil d'Etat. On lui demande d'examiner une loi. On attend donc de lui un avis libre et
argumenté. Et non des platitudes serviles. C'est la
règle. Pourquoi, alors, s'indigner d'un désaccord
entre le Conseil et les auteurs d'une loi? Pourquoi,
aussi, invectiver publiquement des hommes auxquels
leur état interdit de répondre?

¶3 Enfin, ne serait-il pas temps de comprendre que
les avis du Conseil d'Etat, à propos des lois, ne
devraient plus être secrets? Au XVIII° siècle, on
demandait au parlement de Paris de formuler en secret
ses remontrances. Malgré cela, elles étaient impri-
mées à des milliers d'exemplaires. A Paris, tout se
sait, aujourd'hui comme il y a deux siècles.

¶4 Qui plus est, nous vivons en démocratie : autant
que les ministres, les législateurs et les citoyens
méritent de connaître les avis les plus judicieux. Le
secret n'ajoute rien. Il comble la vanité de ceux qui
le trahissent et la naïveté de ceux qui l'exigent.

¶5 Venons-en à l'essentiel. Que veut le gouvernement? Accomplir une promesse faite par les partis de
la majorité : l'acquisition de la nationalité ne
saurait résulter de mécanismes automatiques.

¶6 On acquiert la nationalité par la naissance ou
par la naturalisation. Ceux qui sont naturalisés ont
demandé à l'être. Ceux qui naissent de parents français sont français. Restent les fils d'étrangers nés
en France. Sont-ils français ou étrangers?

¶7 L'Ancien Régime privilégiait le droit du sol. La
Révolution française a privilégié le droit du sang :
où qu'il naisse, un fils de Français reste français.

Est-ce réciproque pour les fils d'étrangers? Pour eux, la Révolution laisse subsister le droit du sol, mais y ajoute le respect de la volonté individuelle : le fils d'un étranger qui naît en France peut réclamer la nationalité française. C'est l'article 9 du Code Napoléon.

¶8 On y revient aujourd'hui. On avait changé la loi à la fin du XIX°siècle, quand la France avait pris conscience de son déclin démographique et du déséquilibre militaire à l'égard de l'Allemagne. A partir de 1889, tout fils d'étranger né en France devient français s'il ne décline pas cette nationalité. Dans le Code civil, il était automatiquement étranger, et sa volonté lui permettait de devenir français. Désormais, il est automatiquement français, et sa volonté lui permet de rester étranger. On voit bien l'intention. Il s'agit d'accroître le nombre des recrues.

¶9 Si l'on revient au Code civil des Français, c'est pour deux raisons. La première est que l'on veut donner à l'acquisition de la nationalité française un caractère plus volontaire et plus solennel. D'où la question du serment.

¶10 Je conçois que le Conseil d'Etat n'y soit pas très favorable. Depuis Bonaparte jusqu'au maréchal Pétain, on a demandé aux fonctionnaires de prêter des serments successifs et contradictoires. Cela a laissé de mauvais souvenirs. Et pourtant, s'il y a une institution républicaine par excellence, c'est bien le serment. Il suffit de se souvenir des Romains et de lire Rousseau pour s'en convaincre. Non point le serment de fidélité à une personne qui asservit. Mais la foi jurée qui fédère.

¶11 Philippe Séguin a fort bien rappelé le serment civique qu'imposaient aux étrangers, pour les élever à la citoyenneté, les grandes lois de 1790 et de 1791. L'opinion s'étant émue, on veut substituer au serment un acte devant le juge. Admettons. Ceux qui critiquent les formes solennelles ne devraient pas oublier que les symboles sont importants et qu'en République la vertu patriotique doit être constamment magnifiée.

¶12 La seconde raison est que le gouvernement, sans le dire explicitement, veut restreindre l'accès à la nationalité.

¶13 Ce qui suscite deux critiques. Puisque notre faiblesse démographique persiste, nous devrions continuer d'assimiler et de franciser les populations étrangères vivant sur notre sol. La nouvelle loi — c'est la seconde critique — ne va pas faciliter l'assimilation de ces étrangers. Mieux vaudrait qu'ils deviennent rapidement français et qu'ils vivent ainsi en pleine sécurité.

¶14 On ne parviendra à concilier les points de vue qu'en posant différemment le problème. Le droit de la nationalité est politique. Il repose sur un principe et sur une évaluation de la situation.

¶15 Le principe est qu'une communauté a le droit d'accorder ou de refuser leur nationalité aux étrangers qui la demandent. Nul ne peut faire du droit du sol une règle intangible. La loi française décide qui devient français et comment.

¶16 Reste la situation. L'Europe connaît un recul démographique sans précédent. La France ne se peuplera plus de citoyens belges ou italiens. Dans moins de cinquante ans, la population de l'Europe sera égale à celle de l'Afrique du Nord tout entière.

¶17 La différence de pression démographique et de niveau de vie conduira tout naturellement à la constitution de communautés mixtes en Europe méridionale. Ce n'est ni une menace ni un souhait. C'est un fait probable. Cette situation politique commande, en réalité, le débat sur la nationalité.

¶18 Ce n'est pas la réforme proposée qui réglera ce problème. Ce ne sont pas les objections à cette réforme qui masqueront cette réalité. Aux Européens de regarder avec lucidité la situation dans laquelle ils risqueront de se trouver un jour.»

(Jean-Claude Casanova, *L'Express*, 21 novembre 1986, p. 17.)

QUATRIÈME PARTIE : FORMES D'EXPRESSION ÉCRITE

Dans cette dernière section, nous nous entraînerons à diverses formes d'expression écrite qui seront particulièrement utiles aux étudiants anglophones : les résumés de texte, les lettres, les dissertations et quelques exercices de style : portraits et narrations descriptives. Vous y trouverez de plus des conseils de présentation et de rédaction, et des modèles de citations.

20 Le résumé de texte

20.0 Introduction. Pour vous-même, après avoir fait certaines lectures ou écouté certaines conférences, ou pour les autres, vos professeurs, vos collègues, vos employeurs, il vous sera souvent nécessaire de faire des résumés de texte. Voici tout d'abord un certain nombre de conseils généraux.

20.1 Méthode à suivre. Il est important de bien dégager l'essentiel du texte. Nous proposons donc la méthode suivante :

1. Lisez d'abord attentivement le texte pour bien en comprendre les idées et l'expression (cherchez le sens des mots difficiles dans un bon diction-naire, vérifiez les allusions, etc.).
2. Au cours d'une deuxième lecture, soulignez (au crayon ou avec un feutre de couleur) les expres-sions importantes, numérotez dans la marge les arguments présentés, marquez les passages parti-culièrement significatifs, et soulignez ou entou-rez les expressions de transition ou d'articula-tion du texte.
3. Réfléchissez au contenu du texte et dégagez-en l'idée principale. Si vous ne la trouvez pas nettement exprimée dans un passage souligné, rédigez-la en quelques lignes au maximum.
4. Vous pouvez maintenant donner un titre au texte, s'il n'en avait pas, et en formuler la conclu-sion.

5. Faites le plan de votre résumé d'après les étapes
    précédentes (voir 19). Il ne sera peut-être pas
    tout à fait conforme au plan du texte original,
    car il est concevable que celui-ci ne soit pas
    parfaitement composé. De plus, vous devrez élimi-
    ner ce qui n'est pas essentiel (détails, séries
    d'exemples, etc.).

En rédigeant votre résumé, veillez à bien respecter
les idées du texte, à y rester fidèle. Mais n'essayez
pas de reproduire le style de l'original : ce serait
souvent difficile; il faut, sans rien ajouter, écrire
dans votre propre style. L'important est de bien
comprendre l'essentiel et de le communiquer clairement et brièvement.
Il ne faut surtout pas fabriquer une mosaïque à
partir d'une succession de termes puisés dans le
texte, mais au contraire refaire un texte dans vos
propres termes.
N'introduisez pas non plus vos idées personnelles
dans le résumé ; il ne s'agit pas d'évaluer un texte
mais seulement d'exprimer plus concisément les
pensées d'un autre.
Enfin, comptez les mots. Si on vous donne des limites précises, respectez-les. Mais faites attention
à ne pas omettre d'idées importantes, ni certaines
étapes d'un raisonnement.

Pour reprendre l'exemple (2) du chapitre 19, on
pourrait proposer le résumé suivant du texte de Jean
Rostand (490 mots) :

Depuis quelques décennies, l'espèce humaine ne
peut plus être considérée comme inoffensive envers
une nature inépuisable et invulnérable. En effet,
d'une part, les énormes besoins engendrés par l'explosion démographique et de l'autre, la puissance
acquise grâce au progrès, ont fait de l'homme un
adversaire menaçant. Aussi a-t-il intérêt à se
contrôler et à défendre la nature contre lui-même.
Cette question ne concerne d'ailleurs pas seulement les spécialistes des sciences humaines mais
tous ceux qui s'inquiètent de l'avenir de l'homme.
Car il s'agit d'assurer la conservation de l'espèce
humaine, de préserver les richesses de la flore et
de la faune et enfin de sauvegarder, loin des créa-
tions artificielles, un refuge de paix et de ver-
dure.
(D'après *L'école des lettres*, 15 juin 1987)
Ce résumé compte 126 mots.

EXERCICES D'APPLICATION

Résumez d'après la méthode préconisée les textes suivants. Vous pouvez décider de donner des titres différents dans les cas où vous le jugez préférable.

Exercice 1 Résumez ce texte d'environ 400 mots en 150 à 170 mots.

«Expertises : l'obsession du vrai

Le paysage vénitien qui vous a plu est-il dû à la palette de Francesco Guardi? A-t-il été peint par un de ses élèves? Ou par un inconnu, son contemporain, imitant sa manière? Ou s'agit-il encore d'une fabrication récente, maquillée pour vous tromper? Le tableau, dans toutes les hypothèses, reste le même. Mais suivant la réponse à ces questions, tout change: l'usage que vous pouvez faire de l'oeuvre, le prix qu'il est possible d'en tirer et — pourquoi ne pas l'avouer? — le plaisir que vous prendrez à le regarder.

«Les grandes oeuvres, s'est écrié l'un des participants au colloque sur les aspects juridiques du commerce d'art international, n'ont pas besoin d'expertise». Sans doute ; mais sur un marché où la demande d'objets d'art dépasse largement l'offre mondiale de grandes oeuvres, l'expert tient une place toujours plus royale. Souvent, a regretté un autre participant, on vend moins l'oeuvre elle-même que l'avis d'expert qui l'accompagne et qui, seul, lui donne de la valeur.

Pourtant, ont encore expliqué les intervenants, les notions de «vrai» et de «faux», sont complexes, tout comme celles de prix et de valeur. La copie a été longtemps une activité artistique parfaitement honorable, et de grands peintres n'ont pas dédaigné signer des oeuvres de leurs élèves ou de leurs amis. Seule notre époque, en somme, est obsédée par l'authenticité.

Une première explication vient tout de suite à l'esprit : si l'émotion esthétique qui fait la valeur fondamentale de l'oeuvre d'art est proprement impondérable, celle-ci n'en a pas moins un poids bien concret et bien réel, en livres sterling, en dollars ou en francs suisses suivant les cas, poids que le verdict positif ou négatif d'un expert peut modifier dans des proportions très appréciables. Et à partir d'un certain prix, l'acheteur veut savoir exactement ce qu'il acquiert.

Mais il y a plus. Aujourd'hui dépouillée de toute signification religieuse ou utilitaire, l'oeuvre d'art prend pour l'amateur une valeur toujours plus intime, moins définissable et moins prévisible. Ce phénomène se combine avec les effets de la spécula- tion pour pousser les prix des objets d'art vers des hauteurs toujours plus vertigineuses.

Pas étonnant que le public s'y perde et que les experts, même s'ils confessent leurs limites et se trompent parfois, soient les oracles de cet univers mouvementé. Des oracles qui n'ont pas seulement le pouvoir de rassurer les collectionneurs sur la sa- gesse de leurs acquisitions. Mais aussi celui de légitimer votre plaisir esthétique et le mien.»

(Sylvie Arsever, *Gazette de Lausanne*, 25 avril 1988)

Exercice 2 Résumez ce texte d'environ 900 mots en 300 à 350 mots.

«Les pèlerins du malheur

Panique en Afrique du Nord : après vingt-cinq ans d'absence, les criquets pèlerins sont de retour. Ils arrivent par millions au sud du Maroc, de l'Algérie et de la Tunisie, qui tentent un véritable Blitz contre le fléau. Cette réapparition des insectes ravageurs évoque les grandes invasions des années 50, que l'on croyait aujourd'hui jugulées.

Pourtant, les spécialistes, eux, ne sont pas sur- pris. Ils surveillent depuis moins d'un an la tran- quille avancée du désastre. L'histoire de ces acri- diens se mêle intimement aux aléas météorologiques et aux soubresauts guerriers de l'Afrique : le criquet pèlerin est le criquet le plus politique du monde. En 1985 et 1986, les acridologues remarquent des concen- trations d'insectes dans les montagnes du Sud saha- rien. Solitaires par nature, ces locustes du désert vivent en groupes, dès que leur nombre dépasse 500 individus par hectare. Alors, ils se déplacent en essaims. Pendant deux ans, ces phénomènes de regrou- pement apparaissent sporadiquement, comme des pous- sées de fièvre.

En 1987, ces épisodes inquiétants se multiplient. Surtout — manque de chance — dans les régions du Tigré et de l'Erythrée, deux territoires en rébellion contre le pouvoir d'Addis-Abeba. Impossible de lutter correctement contre les larves, de suivre exactement la progression des criquets. Ils gagnent d'abord le Soudan, puis le Tchad, où le Prifas (Programme de recherches interdisciplinaires français sur les acridiens du Sahel), que dirige Michel Launois, s'acharne contre les envahisseurs. Mais pas question d'intervenir au nord du 16e parallèle, où les criquets prolifèrent en paix. En septembre, on les retrouve au Niger. Puis, en octobre et en novembre, ils se scindent en deux groupes. L'un vole vers le Mali et la Mauritanie, l'autre gagne le sud du Maroc via l'Algérie... Les criquets pèlerins ont réussi leur transsaharienne.

Dès le mois de décembre, le Maroc se bat avec un certain succès contre les premiers essaims. Mais une partie d'entre eux s'installe en Mauritanie, dans les zones de combat sahraouies... Là encore, ils profitent du calme que leur procure la situation géopolitique — et des pluies — pour se reproduire en masse... En février, ils reprennent leur migration vers le Maroc, l'Algérie, la Tunisie. Certains ont même atteint l'île de Malte, et, le 3 avril, des milliers d'entre eux sont allés mourir sur les plages romaines.

Le criquet pèlerin — Schistocerca gregaria — ne pèse pas lourd : entre 1,5 et 3 grammes. Cependant, en phase grégaire, les essaims peuvent rassembler des centaines de millions d'individus. Un kilomètre carré d'essaim dense compte 50 millions de bestioles, qui dévorent chaque jour 100 tonnes de végétaux. Les nuages peuvent atteindre plusieurs dizaines de kilomètres carrés, dévaster les cultures et affamer des millions d'hommes. Les criquets se déplacent, le jour, au gré des vents. Ils peuvent parcourir de très longues distances. Ils s'envolent dès qu'il commence à faire chaud, et se posent le soir, s'empressant de dévorer toute la végétation qu'ils rencontrent. Régulièrement, les femelles pondent des oeufs, qui éclosent au bout de quelques semaines, et le cycle infernal reprend, les essaims se croisant, se regroupant ou se divisant...

Ce film catastrophe, l'invasion tournante généralisée, qui peut durer des années, n'est pas encore une réalité, malgré ces premières offensives. Mais déjà les pays touchés vivent dans la psychose de ce phénomène qui a marqué toute une génération. D'où une mobilisation pour barrer la route au fléau. La FAO (Food and Agriculture Organization) centralise la lutte contre les acridiens. Au Maroc, en Algérie, en Tunisie, des centaines de milliers d'hectares ont été traités. Les pays occidentaux financent largement les campagnes. Depuis les temps bibliques — les criquets constituent la huitième plaie d'Egypte — l'Afrique a lutté contre les ravageurs avec des armes séculaires : tambours, cris, fumées denses, poules ou canards affamés, destruction des larves par le feu... Notre ère technicienne a inventé les pesticides, qui se sont révélés particulièrement efficaces.

Surtout l'un d'entre eux, le Dieldrine, un composé organochloré, extrêmement rémanent — son action dure au moins un mois. Il ne peut être utilisé que dans les zones désertiques où les criquets pondent leurs oeufs. Mais ses qualités d'empoisonneur patenté, raison de son succès, l'ont fait mettre à l'index dans les pays occidentaux, où son usage a été banni, et sa production arrêtée. En conséquence, les généreux donateurs se refusent à aider les pays du tiers monde qui ne respecteraient pas cet interdit... Conflit caricatural entre écologie et survie? «Je n'ai pas envie de voir les Africains mourir de faim en bonne santé!» s'exclame un expert, tout en déplorant qu'on n'ait pas trouvé un moyen de lutte plus écologique. «L'Arabie Saoudite, avoue-t-il, qui n'a besoin de personne, a utilisé récemment avec succès le Dieldrine...»

Les pesticides qu'on lui substitue, tels le fenitrothion, le malathion, le diarzinon, etc., ne permettent pas d'éliminer de larges populations de ravageurs, estime le Dr Rafik Skaf, qui a dirigé jusqu'en janvier dernier, à la FAO, le groupe Acridiens ravageurs migrateurs et opérations d'urgence.

Le pire attend donc peut-être l'Afrique, car les criquets pèlerins regagneront bientôt les pays du Sahel, pour se reproduire en saison des pluies et repartir à l'assaut, encore plus nombreux et plus vigoureux...»

(Sylvie O'Dy, *L'Express*, 15 avril 1988, pp. 33-34.)

Exercice 3 Résumez ce texte d'environ 700 mots en 250 à 275 mots.

«Les esclaves de la parole

Dans les siècles précédents, nul utopiste n'aurait été assez fou pour imaginer ce miracle : des populations entières, sans sortir de chez elles, sans se donner la peine de lire, sans accomplir le moindre effort, connaîtraient le monde, recevraient tous les échos de la vie. On le sait aujourd'hui : les siècles précédents n'avaient pas tort, car le miracle ne s'est jamais accompli, surtout pas dans le Journal télévisé.

Le procès du téléjournal a été instruit mille et mille fois. Essentiellement, on lui reproche d'être un salmigondis plus ou moins sanglant, qui brouille le coeur et embrouille la conscience. Tout le monde a fait cette expérience : regarder les nouvelles du soir, puis tenter d'énumérer les sujets «traités». L'exercice demande un puissant effort de mémoire, assez comparable à celui qu'on est requis de faire lorsqu'on cherche à ressaisir un rêve pour le raconter de façon cohérente. Il ne nous reste que des fulgurations absurdes, rebelles à toute ordonnance logique et même à tout récit.

Mais il y a pire : la promotion de telle ou telle séquence au rang de «nouvelle du jour», pour des motifs qui n'ont rien à voir avec leur thème apparent. L'image est alors l'esclave d'un commentaire orienté, plus ou moins implicite.

Exemple, le premier titre d'un récent journal du soir sur Antenne 2 : «Affaire Luchaire : nouveau rebondissement. La société de vente d'armes aurait continué son trafic illicite avec l'Iran après mars 1986». Traduction : «Dans la présente campagne présidentielle, la majorité ne peut plus accuser les socialistes d'avoir laissé vendre des armes à l'Iran, et les socialistes vont peut-être pouvoir à leur tour brandir l'ayatollah Khomeiny comme argument électoral, tandis que les barristes pourront éventuellement trouver dans ce même Khomeiny quelque argument «anti-cohabitationniste». Le spectacle politique s'enrichit et se corse ; frottons-nous les mains».

C'est tout cela (et rien que cela) qui s'exprime dans cette brève séquence. Inutile de dire que les images, en l'occurrence (la façade d'une maison, la tête d'un juge d'instruction) ne signifient ni ne prouvent ni ne disent rien.

Au reste, on le sait bien : lorsqu'il s'agit de peser sur les idées et les visions du monde, les images ne sont d'aucun secours. L'expérience a été souvent réalisée de diffuser une même séquence à plusieurs reprises, en l'accompagnant à chaque fois de commentaires différents, voire antagonistes : immanquablement, nous voyons les images autrement.

C'est à une expérience de ce genre que nous conviait involontairement un documentaire sur la Révolution d'octobre, diffusé par FR3 dans une nouvelle série intitulée «Les grands jours du siècle» : les images, prises pour elles-mêmes, se résumaient à une succession de bruits et de fureurs : défilés militaires, foules noires dans les rues blanches, gueules de canon, larmes de l'exode, larmes du deuil, labeur paysan, labeur ouvrier, cavalcades, entassements de cadavres, nouveaux défilés, visages fugitifs, et, pour terminer, personnage moustachu se grattant le front devant un cadavre chauve.

Là-dessus le commentaire, d'une tonalité sans doute inimaginable voilà dix ans : plus proche de *Tintin au pays des Soviets* que de *Hourra l'Oural*. Or il n'était nul besoin, pour les réalisateurs de l'émission, d'aller glaner à grand-peine des documentaires tournés par l'Armée blanche, ou des images qui auraient témoigné des crimes de la Tchéka. Bien plus simple était de recourir aux images officielles et de dénoncer, en voix *off*, l'artificialité et le mensonge de l'idylle paysanne ou de l'épopée stakhanoviste.

La question n'est pas ici de dénoncer cette dénonciation : il n'y a plus grand monde aujourd'hui pour voir dans Octobre 1917 une idylle, ni même une épopée. Mais ce qui donne à penser, c'est qu'aucune image, si forte soit-elle, ne résiste à la simple voix qui, sur le ton calme et neutre de l'historien, nous met en garde contre elle. La force des images n'est jamais une force de vérité, seulement une force d'intensité. Et les images se tordent dans la parole comme le papier dans la flamme.»

(Etienne Barilier, *Gazette de Lausanne*, 19 mars 1988)

Exercice 4 Résumez ce texte d'environ 520 mots en 175 à 200 mots.

«Protection de la nature : vingtièmes à-fonds aux Grangettes

Pour la vingtième fois depuis 1969, la Ligne vaudoise de la Protection de la nature organise une grande action de nettoyage dans la région des Grangettes. Cette opération qui aura lieu les 5 et 12 mars prochains, coïncide avec l'année de l'Environnement et la traditionnelle baisse des eaux du lac provoquée tous les quatre ans, lors des années bissextiles. Outre les nombreux bénévoles et amoureux de la nature, un hélicoptère sera présent sur les lieux pour évacuer les déchets.

Site d'importance nationale, la zone naturelle des Grangettes est le dernier secteur de rives sauvages du lac Léman. Elle se situe exactement entre Villeneuve et le Rhône, soit entièrement sur le territoire de la commune de Noville. Alors que la rive mesure environ 5 kilomètres, la superficie des terrains marécageux, boisés et agricoles adjacents représente

quelque 6 kilomètres carrés. Avec l'aide de l'Ecu
d'or, la Ligue suisse pour la Protection de la Nature
a créé à cet endroit environ un kilomètre de réserve
naturelle.

Comme l'ont expliqué Marcel Blanc, président du
Conseil d'Etat vaudois et président du Comité vaudois
de l'année européenne de l'environnement, Paul Gerou-
det, auteur du livre récemment paru *Les Oiseaux du
Lac Léman*, et Jacques Morier-Genoud, président de la
Ligue suisse de la Protection de la Nature, jeudi, au
cours d'une conférence de presse dirigée par M. Jean
Mundler, président de la ligue vaudoise de la Protection de la Nature, il ne suffit pas de créer un cadre
juridique adéquat pour protéger des lieux précieux,
mais il faut également favoriser une prise de conscience collective par des actions ponctuelles.

Cette grande action de nettoyage des Grangettes est
donc une excellente occasion de venir découvrir le
travail quotidien de ceux qui maintiennent en vie
cette réserve où abondent oiseaux, petits mammifères
et flore des marais. En enlevant les amas de bois,
plastique et autres objets charriés par le lac, on
évite que les roselières n'étouffent et que ses rives
ne s'érodent.

Répétée chaque année depuis maintenant vingt ans,
cette opération s'inscrit dans une vaste action de
protection des rivages et roseaux des Grangettes.
L'érosion, la pollution du lac, les déchets flottants
et les agressions quotidiennes de la région liées à
notre mode d'existence actuel ont affaibli les roseaux et provoqué une destruction des roselières et
des rives du lac, qui parfois, ont reculé de 50
mètres, notamment devant le Gros Brasset. C'est pourquoi, la Ligue suisse pour la Protection de la Nature
et l'Etat de Vaud ont entrepris une série d'aménage-
ments depuis 1970. En construisant des enrochements
dans le lac pour briser les vagues, en protégeant une
partie du site, ils ont pu, petit à petit, replanter
de jeunes pousses et ainsi régénérer la roselière. Le
nettoyage des Grangettes a d'ailleurs été la première
action de ce type en Suisse romande. Depuis, des sociétés, des communes et des écoles se livrent à des
opérations similaires dans tout le pays.»

(Armande Reymond, *Gazette de Lausanne*, 20-21 février 1988)

Exercice 5 Résumez ce texte d'environ 680 mots en 240 à 270 mots.

«Les responsabilités de l'enfant

Sous les auspices de l'Ecole des parents et de l'Université populaire de Lausanne, le Dr Gérard Salem a parlé, dans sa dernière causerie de la saison, des responsabilités de l'enfant dans sa famille.

«Notre enfant assume-t-il des responsabilités normales, n'en assume-t-il pas assez, est-il écrasé sous des responsabilités trop lourdes? Dois-je l'aider, l'encourager ou le protéger?» De nombreux parents se posent de telles questions.

Or la responsabilité est une façon de répondre, de soi, d'autrui, de ses actes ou de ses obligations. Elle implique donc une relation avec quelqu'un. Cette relation peut être de deux types : soit les deux partenaires se considèrent comme égaux, c'est une relation «je-tu» véritablement réciproque; soit je considère l'autre comme un instrument que j'emploie à mon profit en négligeant complètement ses intérêts et ses besoins, c'est une relation «je-ça».

Tels parents diront de leur enfant : «C'est notre rayon de soleil!» et le gâteront, le sur-protègeront, joueront avec lui comme à la poupée, sans jamais lui reconnaître de responsabilités. «Comme il me ressemble! J'ai tout fait pour lui». L'enfant est véritablement *leur chose*. On parle alors de relation d'emprise, d'instrumentation de la relation ou encore de relation pervertie.

Car une relation où l'un donne tout et l'autre n'a qu'à recevoir, sans jamais avoir le droit de donner à son tour est pervertie. L'enfant a besoin de recevoir les soins et l'attention de ses parents. Mais il a également besoin de leur montrer sa sollicitude à leur égard, sa solidarité.

C'est dans sa famille principalement que l'enfant va faire l'apprentissage de la responsabilité. Ses expériences vont s'étayer de la réalité quotidienne et de l'exemple donné par ses parents entre eux. C'est ainsi qu'il sera amené à pratiquer des relations «je-tu» ou «je-ça» selon qu'il pourra ou non jouer un rôle et obtenir la confiance de ses parents.

Une responsabilité apprise dans de bonnes conditions augmente la *liberté intérieure* de l'individu. L'enfant responsabilisé normalement a confiance en lui, il ne se culpabilise pas constamment pour «n'avoir pas été à la hauteur».

Sans responsabilités assumées de part et d'autre, la confiance ne peut régner et il est impossible de se sentir crédible. La confiance se concrétise davantage à travers les responsabilités que les sentiments. Dans la famille, la confiance dépend de la capacité à se reconnaître mutuellement, à voir ce que chacun donne aux autres et en reçoit.

Il est vital que les parents voient tout ce que leur enfant leur donne, même petit (et il ne leur donne pas que des soucis!) et qu'ils le lui *disent*. C'est la condition première de sa confiance en lui-même.

L'enfant peut avoir des responsabilités ouvertement reconnues (il galvanise son entourage, travaille bien à l'école) ou cachées, secrètes, non reconnues mais bien présentes, qui répondent à des besoins inavoués de ses parents (par exemple, leur tenir constamment compagnie).

Trop de parents qui ont voulu «tout donner» à leur enfant lui reprochent plus tard d'être un égoïste, un ingrat qui les néglige. En réalité, il a été exploité par ses parents qui n'ont rien voulu accepter de lui et refusent encore de voir ce qu'il tâche de leur donner. Plus tard, devenu lui-même parent, il cherchera inconsciemment à «rééquilibrer la balance» en devenant lui-même un parent persécuteur, donnant tout à ses enfants sans rien accepter en retour. Cercle vicieux qui peut déboucher sur de sérieux troubles physiques ou mentaux.

Pour y remédier, il est nécessaire de comprendre ce qui se passe derrière, quel type de relations, quelle confiance, en remontant jusqu'à la famille des parents. Si la famille prend conscience qu'elle vit des relations «je-ça» impliquant des responsabilités cachées et qu'elle tente de changer la situation en se donnant davantage de confiance mutuelle dans des relations «je-tu», on voit souvent s'améliorer radicalement la santé des malades.

La confiance en soi et le sentiment de sa propre légitimité à vivre dépend donc de la confiance d'autrui et fait partie des responsabilités familiales. Cette confiance apprise dans la famille sera vécue, prolongée et enrichie ensuite dans la vie.»

(Marie-Hélène Brack *La Gazette de Lausanne*, 12-13 mars 1988)

21 La lettre

21.0 Introduction. Vous pourrez être amenés à
écrire différentes formes de lettres en français,
depuis les lettres personnelles à des amis ou des
parents jusqu'aux lettres plus officielles à diverses
autorités. Quelques règles générales peuvent s'appliquer à toutes ces lettres : il faut toujours un en-
tête, une phrase d'introduction, et une formule de
salutation finale qui précède la signature. Le
contenu de la lettre peut varier d'un à plusieurs
paragraphes suivant le nombre de sujets abordés. Il
est particulièrement important en français de respecter les conventions pour les en-têtes et les formules
finales.

21.1 L'en-tête. L'en-tête débute toujours par une
majuscule, les titres ne sont jamais abrégés et la
formule est suivie d'une virgule. En général, on ne
nomme pas le destinataire par son nom de famille. On
emploie cependant le prénom pour les proches. Remarquez également que *cher (chère)* ne s'emploie que pour
les personnes que l'on connaît bien. *Mon cher (ma
chère)* est encore plus familier. Voici les en-têtes à
utiliser pour différents destinataires :

1. Pour des parents ou des amis intimes :

Ma chère Maman,
Mon cher oncle,
Ma très chère Marraine,
Mon cher François,

2. Pour des connaissances ou des amis :

Cher Paul, Chère Sylvie,
Cher Monsieur, Chère Madame,
Chers amis,

Remarquez que si l'on appelle le destinataire *Monsieur* ou *Madame* dans la langue parlée on emploie

aussi ces formules dans l'en-tête mais sans nom de famille.

3. Pour des destinataires inconnus ou peu connus et dans la correspondance commerciale :

Monsieur, Madame, Mademoiselle,

4. Pour des supérieurs, le titre figure générale-ment dans l'en-tête :

Monsieur le Préfet,
Madame la Directrice,
Monsieur le Ministre,

5. Pour les membres des professions libérales :

Docteur, (à un médecin homme ou femme)
Maître, (à un avocat homme ou femme)

6. Pour les militaires, on donne leur titre aux officiers, précédé de *Mon* si l'on veut marquer la subordination :

Commandant,
Amiral,
Mon Général,

7. Pour les membres du clergé :

Eminence, (à un cardinal)
Monseigneur, (à un évêque)
Mon Révérend Père, (à un abbé)
Monsieur le Curé, Monsieur le Chanoine, Monsieur
l'Abbé, Monsieur le Pasteur, Monsieur le Rabbin,
Mon Père, Ma Soeur,

21.2 La formule finale. Il faut toujours répéter dans la formule finale les termes utilisés dans l'en-tête. Les formules sont plus ou moins complexes et déférentes suivant les correspondants.

1. Pour des parents :
La latitude des formules est ici très grande. Par exemple :

En attendant de vos bonnes nouvelles, je vous sou-
haite, bien chers parents, d'excellentes vacances
et vous embrasse tendrement.

Je te remercie mille fois à l'avance, ma chère Françoise, et t'embrasse affectueusement.
De tout coeur.

2. Pour des connaissances et des amis :

Recevez, cher Monsieur, l'assurance de mes sentiments très cordiaux.
Croyez, chère Madame, à mes sentiments les meilleurs.

Plus familier :

Bien amicalement.
A bientôt, ma chère Sylvie. Je t'embrasse.
Bien à vous (toi).
Avec toutes mes amitiés.
Avec toute mon affection.
Grosses bises. A bientôt.

3. Pour des destinataires peu connus :

Veuillez agréer, Monsieur, l'expression de mes sentiments très distingués.
Veuillez accepter, Madame, l'expression de mes sentiments respectueux.
Dans l'attente de votre arrivée, nous vous prions d'accepter, Mademoiselle, nos salutations empressées.

Agréer ou *accepter* et *l'expression* sont plus déférents et formels que *recevoir* et *l'assurance*. Ces expressions s'utilisent en paires.

4. Pour les supérieurs :

Veuillez agréer, Madame la Directrice, mes salutations très respectueuses.
Veuillez agréer, Monsieur le Préfet, l'expression de ma haute considération.

5. Pour les professions libérales :

Je vous prie de croire, Docteur, à mes sentiments les meilleurs.
Croyez, cher Maître, à ma considération respectueuse.
Veuillez accepter, Monsieur le Professeur, avec mes vifs remerciements, l'assurance de mes sentiments respectueux.

6. Pour les militaires et les membres du clergé, on est tenu à des formules moins variées que dans les cas précédents :

Veuillez croire, mon Capitaine, à mes sentiments les plus distingués.
Je vous prie d'accepter, mon Père, l'expression de ma gratitude et de mon profond respect.

21.3 Présentation. Les lettres manuscrites sont encore très courantes en France. Elles sont même recommandées pour des lettres personnelles, de condoléances, de félicitations, de remerciements, etc. et on les exige parfois pour des réponses à des demandes d'emploi. Les Français attachent beaucoup d'importance à la présentation. Choix du papier : blanc et de grand format pour les lettres officielles et commerciales, de couleur et de petit format seulement pour les lettres personnelles. Rédaction nette : marges suffisantes et régulières, absence de ratures, suffisamment d'espace dans le haut et dans le bas de la page. Bien entendu, l'orthographe doit être correcte, les formules finales et le vocabulaire appropriés. Vérifiez soigneusement la ponctuation. (Voir 3.5, 4.2.2, 4.2.4 et 4.2.6)
Observez la bonne disposition (voir 21.4) de la date et des différentes indications. Dans la correspondance usuelle, si l'on n'utilise pas du papier à en-tête imprimé, il est coutume d'indiquer le lieu d'où l'on écrit (*Paris, le 15 août 1987*).

21.4 Modèles de mise en page

Exemple (1) : Lettre personnelle

Lieu et date

En-tête,
_____
_____
_____
_____
_____
_____

Formule de politesse

Signature

Exemple (2) : Lettre commerciale ou officielle

Prénom, Nom et Adresse   Date
de l'expéditeur

                                Vedette :
                                Nom ou Titre
                                (Fonction)
                                Adresse du
                                destinataire

Objet de la correspondance

    En-tête,

    _____

    _____
    _____
    _____
    _____
    _____
    _____
    _____
    _____
    _____

        Formule de politesse

                                Signature

   21.5 L'enveloppe. L'enveloppe est rédigée de la
même façon que la vedette. (Voir 3.3.)

                        M. Pierre Cartier
                        Directeur
                        Société Générale
                        743, rue Saint-Honoré
                        75009 Paris

    Sur une enveloppe manuscrite, le nom et l'adresse
de l'expéditeur figurent souvent au verso.

   21.6 Lettre modèle. Puisqu'une des formes de correspondance les plus courantes est la réponse à une
demande d'emploi, voici le genre de lettre qui pourrait s'écrire dans ce cas.

Marie DURAND   le 15 avril 1988
2, rue de la Fuie
37000 Tours

                                Monsieur le Chef du
                                  Personnel
                                Ets. S.M.A.C.
                                7, avenue Champlain
                                76100 Rouen

Réf. : Votre offre d'emploi
       de secrétaire bilingue

Monsieur le Chef du Personnel,

        J'ai l'honneur de vous présenter ma candida-
ture au poste de secrétaire bilingue (français /
italien) que vous proposez dans votre annonce
parue dans *Le Monde* du 12 avril courant.
        Veuillez trouver ci-joint mon curriculum
vitae.
        Je me permets d'attirer votre attention sur
le fait que ma connaissance de l'italien, qui
était déjà solide au niveau du baccalauréat, a
été perfectionnée lors d'un stage effectué en
Italie. De plus, j'ai déjà exercé brièvement les
fonctions de secrétaire bilingue à titre de
remplaçante.
        Bien entendu, je me tiens disponible pour un
entretien au cours duquel je pourrai vous apporter toute précision utile, si vous jugez que ma
candidature peut être retenue.
        Je vous prie d'agréer, Monsieur le Chef du
Personnel, l'expression de mes sentiments
dévoués.
                                Marie Durand

21.7 Formules usuelles. Il existe un grand nombre
de phrases et d'expressions utilisées fréquemment
dans la correspondance. En voici quelques-unes qui
pourront vous être utiles :

Demandes d'emploi :

J'ai l'honneur de   solliciter le poste
                           vous présenter ma
                             candidature au poste
                           proposer ma candidature

Je vous serais très obligé de m'indiquer
        saurais gré   de me faire savoir

Je me permets de signaler que
 souligner le fait que
 attirer votre attention sur le
 fait que

Veuillez trouver ci-joint
Je vous prie de trouver ci-joint
Vous trouverez ci-joint

J'ai occupé le poste de
 exercé les fonctions de

Je suis à votre disposition...
 reste à votre entière disposition
 me tiens à votre...

...pour vous fournir de plus amples renseignements
 faire parvenir

En vous remerciant à l'avance de l'attention que
vous voudrez bien apporter à ma lettre/demande,
je vous prie...

Je vous serais très obligé(e) de
 reconnaissant(e) de

Echanges commerciaux et demandes de renseignements:

Auriez-vous l'obligeance de m'envoyer
 m'expédier
 me faire parvenir

En réponse à
Comme suite à votre annonce
 offre

En réponse à votre demande
 courrier
Comme suite à notre conversation, je vous confirme

Je vous accuse réception de
J'ai le plaisir de vous adresser
 envoyer

Regrets :

Je suis désolé(e) de ne pouvoir
 navré(e)
J'ai le regret de
Je me vois obligé(e) de

Remerciements :

Veuillez accepter mes vifs remerciements
agréer l'expression de ma très vive
gratitude
croire à mes sentiments de profonde
gratitude

21.8 Curriculum vitae. Le format d'un curriculum vitae est moins strict en français qu'en anglais. Cependant les données suivantes doivent y figurer :

nom et prénom
date et lieu de naissance
nationalité
état civil
adresse
emploi actuel
emplois précédents
niveau d'instruction et diplômes obtenus
formation professionnelle
références

L'état civil indique votre situation de famille (célibataire, marié(e), nombre d'enfants, etc.). Vous pouvez indiquer brièvement les établissements que vous avez fréquentés avant de mentionner vos diplômes. Si vous avez reçu une formation professionnelle en plus de vos études, mentionnez-le. Enfin, on ajoute parfois les rémunérations obtenues et souhaitées.

EXERCICES D'APPLICATION

Exercice 1 Lettres personnelles
Ecrivez à vos parents pour leur expliquer comment vous êtes arrivé(e) à l'université cette année. Racontez votre voyage, votre installation, parlez de votre camarade de chambre, etc.

Ecrivez à la mère d'une de vos ami(e)s pour la remercier de son hospitalité.

Ecrivez à un de vos parents proches pour modifier un horaire de vacances proposé. Donnez les raisons de ce changement de projet.

Ecrivez à un proche une lettre de condoléances ou de félicitations.

Exercice 2 Lettres administratives
Ecrivez au bureau de la scolarité de votre université pour demander un relevé de notes.
Faites une demande de bourse auprès du Rectorat d'une université.

Exercice 3 Requêtes diverses
Demandez une lettre de recommandation à un ancien professeur. Expliquez pourquoi vous en avez besoin et ce que vous avez fait depuis que vous avez suivi son cours.

Ecrivez à une agence de voyage pour demander des renseignements et de la documentation sur un pays de votre choix. Vous désirez aussi vous y loger.

Exercice 4 Demande d'emploi
Trouvez 3 annonces d'offres d'emplois qui vous conviendraient et répondez-y. Ajoutez votre curriculum vitae.

22 La dissertation

22.0 Introduction. Dans les établissements secondaires et universitaires français, on ne fait pas exactement les mêmes exercices écrits qu'en Amérique («research paper, paper, essay»). L'exercice le plus fréquemment demandé par les professeurs est la dissertation.

Dans une <u>dis</u>sertation on vous demande de <u>dis</u>cuter (*dis* = deux). On peut ainsi présenter le pour et le contre d'un sujet, ou même plusieurs points de vue sur une question. Le problème, s'il ne vous est pas imposé dans le sujet, doit être d'abord posé et défini. L'objet de votre dissertation sera de présenter aux lecteurs différents arguments et de les convaincre de la justesse de votre position. Il est important, pour que le lecteur puisse vous suivre facilement, de donner des points de repère et de bien utiliser les expressions marquant l'articulation logique de votre pensée.

22.1 Examen des sujets. Voici, à titre d'exemples, quelques sujets typiques :

1. Expliquez et discutez cette formule de Gide : «Envier le bonheur d'autrui c'est folie ; on ne saurait pas s'en servir. Le bonheur ne se veut pas tout fait mais sur mesure».

2. Etes-vous en faveur ou non de la garde conjointe des enfants après un divorce?

3. Commentez cette pensée d'un sociologue contemporain : «La publicité est l'ultime violence du monde moderne, en ce qu'elle porte à désirer l'indésirable».

Examinons de plus près le sujet (1) :

Tout d'abord, comprenez-vous bien les termes *autrui*, *c'est folie*, *tout fait*, *sur mesure*, *ne se veut pas*? Voyez-vous la métaphore (Gide assimile le bonheur à un vêtement, qu'on peut acheter tout fait dans un magasin ou qu'on peut faire faire par un tailleur «sur mesure»)?

Il faudra donc examiner et évaluer au moins deux points de vue différents : le bonheur comme valeur générale (il existe certains niveaux de bonheur, comme certains niveaux de santé, certains degrés de richesse, etc.) et le bonheur comme valeur strictement individuelle, qui ne peut convenir à personne d'autre.

Ce qui nous amène à une question primordiale : que veut dire exactement *bonheur*? Cherchez des exemples, essayez de définir cette notion. Ceux qui sont *heureux* ont-ils acquis leur bonheur? Comment? Qui les envie? Pourquoi?

Comprenons bien le sujet (2) :

Qu'est-ce que la garde conjointe? Dans un divorce le juge peut décider que les enfants seront confiés à un ou l'autre des parents ou que l'autorité parentale sera exercée conjointement. Il s'agira de décider si l'on est pour ou contre cette solution. Quels seront les arguments pour soutenir votre point de vue? Comment réfuter les arguments contraires?

Examinons enfin le sujet (3) :

Cette phrase semble condamner la publicité. Que veut dire *l'ultime violence*? La publicité est une attaque (visuelle, auditive) constante qui vise le consommateur. Les techniques publicitaires sont habiles et insidieuses. C'est comme le viol du domaine privé de la personne. *Ultime* veut dire «la plus poussée». *Désirer l'indésirable* signifie «créer des besoins» (pour vendre) qui ne sont pas réels mais artificiels. La publicité vous fait désirer ce dont vous n'avez pas besoin.

22.2 Les idées. Les exemples qui précèdent montrent que dans cet effort de bien comprendre le sujet, vous allez soulever de nombreuses idées. Ecrivez-les toutes, de préférence sur des fiches ou cartes individuelles. Même pour les exercices les plus simples (narrations, lettres), il est utile de donner une forme préliminaire aux idées qui vous viennent. Et une idée en amène souvent d'autres : pour revenir au sujet (1), vous pourrez essayer de définir votre propre conception du bonheur. Vous pourrez aussi vous efforcer d'expliquer comment une ou plusieurs autres personnes pourraient le définir. Est-ce possible ou non? Qu'est-ce que cela prouve? etc. Ne manquez pas de noter tout ce qui vous «passe par la tête», c'est un exercice utile pour mieux cerner votre propre pensée.

22.3 Votre plan. Il faut maintenant essayer de classer vos fiches, de les trier, d'ébaucher un développement logique. Mais ne craignez pas d'éliminer les fiches superflues. Quelle est votre thèse? Comment la développer? Avant tout, vous devez esquisser une certaine démarche de pensée que vous allez proposer au lecteur pour l'inviter à réfléchir avec vous, à votre manière; vous devez conduire le lecteur pas à pas vers la conclusion qui doit s'imposer : la vôtre.

Les Français ont longtemps préconisé les développements en trois parties : thèse, antithèse, synthèse. Tous les sujets ne se prêtent pas à cette dialectique, c'est bien évident. Néanmoins, ce cadre est généralement fort utile et peut vous aider à donner plus de force à votre développement.

Dans une discussion, il est bon non seulement de présenter votre propre point de vue, mais aussi de montrer que vous êtes conscient des autres. Vous pouvez alors les réfuter avec plus de force et être plus convaincant.

22.3.1 Plan détaillé du sujet (1)

Introduction :
   Le bonheur est-il uniquement individuel ou a-t-il des éléments universels? Peut-on le définir? Est-il «folie» d'envier le bonheur d'autrui?
Première partie : explication de la position gidienne
Chacun peut se sentir heureux de façon différente
   santé
   richesse
   réussite amoureuse
   réussite professionnelle
   accomplissements personnels
Par conséquent, «le» bonheur n'est pas défini en termes généraux mais strictement individuels : le bonheur de l'un ne fait pas nécessairement celui de l'autre. (expliquer *on ne saurait pas s'en servir*).
C'est pourquoi l'envier est *pure folie*.
Transition : Mais n'est-il pas normal, si l'on est malheureux, d'envier le sort des heureux? N'y a-t-il pas des «universels» auxquels tout le monde aspire?
Deuxième partie : quels sont ces universels?
   Tout d'abord, les avantages donnés par la naissance (santé, intelligence, fortune, etc.)
   Puis, l'absence de souffrance (physique et morale)

Enfin, tout le monde désire se sentir aimé, utile, en paix.

«Etre bien dans sa peau» : se sentir à l'aise, éprouver une adéquation entre la personne sociale et le «moi», l'être et la société.

Synthèse : cet équilibre mène chacun au sentiment du bonheur. Mais il implique aussi une maturité suffisante pour comprendre la spécificité de ce sentiment. Seule cette maturité peut empêcher d'envier ceux qui semblent mieux nantis (de bonheur donné ou acquis).

Conclusion : Si l'on peut envier ceux qui sont exempts de souffrance, ceux qui ont reçu et non acquis certains avantages (santé, fortune) et ceux qui ont la maturité de comprendre que ce qui rend autrui heureux n'est pas ce qui vous convient, on ne peut envier les composantes individuelles de ce bonheur.

22.3.2 Plan détaillé du sujet (2). Supposons que vous vouliez arriver à la conclusion que la garde conjointe est préférable.

Introduction :

A l'issue d'un divorce, l'enfant ou les enfants d'un couple sont le plus souvent confiés à l'un des parents (garde unique avec droits de visite pour l'autre). On relève donc de nombreux problèmes afférents à ce système. C'est pourquoi certains juges essaient une nouvelle approche, la garde conjointe. Peut-elle améliorer ces situations difficiles?

Première partie : problèmes des parents dans le système de garde unique

Comment maintenir les rôles respectifs des parents?

Comment assurer une enfance relativement normale aux enfants?

—Le parent qui a la garde de l'enfant a des responsabilités accrues mais est seul à les assumer

—L'autre parent, qui ne cesse pas d'être parent, se sent lésé

Résultat : dissensions et amertume accrues

Transition : l'enfant devient le point de fixation de la haine, l'objet du chantage.

Deuxième partie : problèmes de l'enfant dans le système de garde unique

— le divorce est traumatique

— il a le sentiment d'être anormal

— les visites chez «l'autre» parent révèlent une discipline, des principes et comportements différents
— l'enfant peut être gâté par un parent et se sentir trop brimé par l'autre
— d'où confusion, manque de constance et de stabilité
— à l'extrême, l'enfant devient l'enjeu d'une guerre entre ses parents, c'est lui qui supporte les pires conséquences

Troisième partie : la garde conjointe comme solution possible à ces problèmes

Les parents continuent à partager également l'autorité et les responsabilités parentales :
—les conflits et différends entre parents sont minimisés
—l'enfant a une jeunesse plus normale et des rapports plus sains avec ses deux parents

La garde conjointe implique bonne volonté, dévouement et flexibilité de la part de chaque parent.

Elle peut aussi leur apporter de profondes satisfactions et atténuer les conséquences négatives du divorce.

Mais cette solution n'est pas toujours possible :
—les deux parents ne sont pas interchangeables
—elle est difficile, voire impraticable, pour de très jeunes enfants
—certains parents sont incapables de poursuivre un dialogue fructueux avec leur ex-conjoint pour l'éducation de l'enfant.

Conclusion : les avantages de cette solution semblent donc l'emporter sur ses désavantages. Par conséquent, bien que dans certaines situations la garde conjointe ne soit pas indiquée, pour le bien des enfants et pour celui des parents aptes à s'y prêter, elle paraît devoir s'imposer.

22.4 Titre, introduction, conclusion. Tout travail écrit, si simple soit-il, doit comporter une introduction et une conclusion. Ceci paraît être l'évidence même, et pourtant bien des étudiants semblent l'oublier, commencent à écrire sans indiquer de quoi, pourquoi et comment ils vont parler, ou s'arrêtent brusquement, peut-être simplement parce qu'ils sont arrivés à la fin de la page!

Il est souvent utile de commencer par ébaucher la conclusion, pour avoir bien son but en tête. Dans les deux plans esquissés ci-dessus, les conclusions sont déjà assez nettement rédigées. Bien entendu, il serait possible de les écrire de bien d'autres manières. Votre style personnel dictera la forme de vos conclusions.

De même, l'introduction peut se présenter de diverses façons : pour le sujet (1), par exemple, vous pourriez évoquer le droit à la recherche du bonheur, garanti à chaque citoyen par la Constitution américaine, et soulever la question de savoir si les termes mêmes de la Constitution indiquent que le bonheur n'est pas une valeur universelle, mais relative et individuelle. En tout cas, efforcez-vous d'introduire clairement votre sujet, de poser nettement le problème, de montrer que vous le comprenez et d'en indiquer les limites. Votre introduction devrait par ailleurs éveiller l'intérêt du lecteur, l'encourager à vous lire. Essayez de manifester un certain enthousiasme pour le sujet que vous allez traiter. Si vous-même êtes intéressé, votre public le sera aussi.

Il est bon d'aider ce public à suivre votre raisonnement. Qu'il s'agisse d'un public général, d'une catégorie spécialisée de lecteurs, ou tout simplement du professeur qui vous a imposé un sujet, vous devez faire comme si le lecteur ne savait pas ce dont vous allez disserter. Indiquez donc brièvement votre plan et ne manquez pas d'utiliser les diverses transitions et articulations que nous avons étudiées ci-dessus pour aider votre lecteur à vous suivre dans votre développement.

Enfin, ne négligez pas de choisir un titre approprié. Celui-ci est de préférence court, mais doit être précis. On omet en général les articles au début des titres : *Portrait de mon village; Voyage en U.R.S.S.; Analyse des personnages féminins de Marivaux.* Cependant, si vous traitez une notion générale, l'article défini s'utilise : *Le concept du bonheur au XXe siècle.*

22.5 La dissertation littéraire. Dans les cours de littérature en France, la dissertation littéraire est, avec les explications de texte et les commentaires composés*, l'exercice le plus courant. Il est bon que l'étudiant étranger s'exerce à utiliser cette forme, plus rigoureuse et codifiée que celle de l'essai pratiqué en anglais. On applique dans l'ensemble les mêmes principes à une dissertation littéraire et

*On ne traite pas ici cette forme particulière. Voir à l'appendice 3 le nom d'un excellent manuel.

à une dissertation d'ordre plus général. Il est toujours nécessaire de bien comprendre et cerner le sujet, de le traiter complètement mais de ne pas s'en écarter.

Les sujets possibles sont multiples, et peuvent se présenter sous forme de jugement à commenter : voir le sujet (1) ci-dessus et les exercices (4) et (5). Dans ces cas, votre documentation sera guidée par un choix essentiellement personnel. Vos idées et vos exemples seront acceptables du moment que vous pourrez bien mener votre argumentation.

D'autres sujets peuvent être plus spécialisés : on vous demandera de réfléchir sur un genre littéraire, sur l'ensemble de l'oeuvre d'un auteur, ou plus souvent sur un ouvrage ou un aspect particulier de celui-ci. Le travail de préparation de ces sujets exigera des recherches et une documentation dans un champ plus circonscrit. Si l'on vous demande de commenter une phrase ou un passage tiré d'un certain ouvrage, placez cette citation dans son contexte historique et littéraire. Il vous est toujours possible de présenter des parallèles au moyen d'exemples provenant d'autres oeuvres, et de montrer ainsi votre culture littéraire et votre capacité de sythèse. Mais vérifiez bien vos affirmations, appuyez vos assertions d'exemples et de citations précises, évitez les clichés et les généralités. N'oubliez pas de bien préciser toutes vos références et citations (voir chapitre 24). Enfin et surtout, faites très attention aux faux-amis du vocabulaire littéraire (termes comme *personnage, rime, vers, strophe,* etc.) et consultez la liste donnée dans l'appendice 2 et les «Mots souvent mal orthographiés» du chapitre 5.

EXERCICES D'APPLICATION

Exercice 1. D'après les plans proposés ci-dessus, rédigez une introduction et une conclusion pour les sujets (1) et (2).

Exercice 2. Commentez ces vers de La Fontaine : «Plutôt souffrir que mourir, c'est la devise des hommes» (*La mort et le bûcheron*)

Exercice 3. On parle beaucoup aujourd'hui de «littérature engagée», dans laquelle l'écrivain vise à améliorer la condition humaine. Pensez-vous que ce soit l'unique vocation de la littérature?

Exercice 4. Expliquez et discutez cette attaque de Rousseau : «Je hais les livres : ils n'apprennent qu'à parler de ce qu'on ne sait pas». (*Emile*)

Exercice 5. Commentez et discutez ce jugement de Claudel : «L'Art, imitation de la vie? Mais aucun art n'a jamais fait cela! La tragédie classique en est aussi éloignée que possible. Le drame de Hugo également».

Exercice 6. Jean-Pierre Richard écrit : «L'élaboration d'une grande oeuvre littéraire n'est rien d'autre que la découverte d'une perspective vraie sur soi-même, la vie, les hommes. Et la littérature est une aventure d'être.» (*Littérature et Sensation*, 1954) Expliquez et discutez.

Exercice 7. «Il ne faut pas qu'un écrivain s'intéresse trop à son époque, sous peine de faire des oeuvres qui n'intéressent que son époque.» Expliquez et discutez cet aphorisme de Montherlant.

Exercice 8. Expliquez ces réflexions de Mme de Staël et discutez-les si vous le jugez bon : «Dans le siècle de Louis XIV, la perfection même de l'art d'écrire était le principal objet des écrivains, mais dans le XVIIIème siècle, on voit la littérature prendre un caractère différent. Ce n'est plus un art seulement, c'est un moyen ; elle devient une arme pour l'esprit humain qu'elle s'était contentée jusque-là d'instruire et d'amuser.»

Exercice 9. Dans quelle mesure Victor Hugo vous semble-t-il avoir bien défini le drame romantique lorsqu'il écrit dans la préface de *Cromwell* (1827) : «La poésie née du christianisme, la poésie de notre temps est donc le drame ; le caractère du drame est le réel ; le réel résulte de la combinaison toute naturelle de deux types, le sublime et le grotesque, qui se croisent dans le drame, comme ils se croisent dans la vie et dans la création. Car la poésie vraie, la poésie complète, est dans l'harmonie des contraires. Puis, il est temps de le dire hautement, et c'est ici surtout que les exceptions confirmeraient la règle, tout ce qui est dans la nature est dans l'art.»

Exercice 10. Zola écrivait en 1881 : «Les types de la tragédie et de la comédie classique sont vrais sans être réels. Ils ont la vérité générale, les grands traits humains résumés en beaux vers, mais ils n'ont pas la vérité individuelle, vivante et agissante, telle que nous l'entendons aujourd'hui.» Expliquez ce jugement et discutez-le.

Exercice 11. On lit dans la correspondance de Flaubert : «Il n'y a pas de beau sujet d'art, Yvetot vaut Constantinople.» Expliquez et discutez cette boutade.

D'innombrables autres sujets sont proposés dans A. Chassang et Ch. Senninger, *La dissertation littéraire générale*, tomes 1 et 2 (Paris : Hachette, 1972) dont sont tirés les sujets (3) et (6) à (11). Voir également Paul Desalmand et Patrick Tort, *Du plan à la dissertation* (Paris : Hatier, 1977) dont sont extraits les sujets (1), (3), (4) et (5).

23 Le travail du style : le portrait

23.0 Introduction. Au terme de cet ouvrage, travaillons maintenant à parfaire votre style pour arriver à une plus grande facilité d'expression. Nous avons choisi pour ce chapitre et le suivant deux courtes formes narratives, le portrait et la description comme cadre à cet effort.

23.1 Portraits visuels. Voici tout d'abord quelques exemples de brefs portraits physiques. Les deux premiers sont de rapides esquisses :

Exemple (1) :
La petite Bronja est exquise ; elle doit avoir quinze ans. Elle porte en nattes d'épais cheveux blonds qui descendent jusqu'à sa taille ; son regard et le son de sa voix semblent plutôt angéliques qu'humains.
(André Gide, *Les faux-monnayeurs*)

Exemple (2) :
Ses cheveux noirs, plantés avec symétrie, formaient une pointe marquée au milieu du front, qui était très blanc. Le visage allongé se terminait par un menton d'un dessin ferme, à la fois volontaire et calme, sans rien de brutal.
(Roger Martin du Gard, *Les Thibault*, I)

Dans les deux exemples suivants, Flaubert brosse des portraits plus fouillés en présentant d'abord le jeune Charles Bovary vu par ses camarades de classe (3), puis «mademoiselle Emma», comme elle apparaît pour la première fois à Charles.

Exemple (3) :
Resté dans l'angle, derrière la porte, si bien qu'on l'apercevait à peine, le *nouveau* était un gars de la campagne, d'une quinzaine d'années environ, et plus haut de taille qu'aucun de nous tous. Il avait les cheveux coupés droits sur le front,

comme un chantre de village, l'air raisonnable et fort embarrassé. Quoiqu'il ne fût pas large des épaules, son habit-veste de drap vert à boutons noirs devait le gêner aux entournures et laissait voir, par la fente des parements, des poignets rouges habitués à être nus. Ses jambes, en bas bleus, sortaient d'un pantalon jaunâtre très tiré par les bretelles. Il était chaussé de souliers forts, mal cirés, garnis de clous.
(Gustave Flaubert, *Madame Bovary* (Paris : Cluny, 1938) pp. 3-4.)

Exemple (4) :
    Charles fut surpris de la blancheur de ses ongles. Ils étaient brillants, fins du bout, plus nettoyés que les ivoires de Dieppe, et taillés en amande. Sa main pourtant n'était pas belle, point assez pâle, peut-être, et un peu sèche aux phalanges ; elle était trop longue aussi et sans molles inflexions de lignes sur les contours. Ce qu'elle avait de beau, c'étaient les yeux : quoiqu'ils fussent bruns, ils semblaient noirs à cause des cils, et son regard arrivait franchement à vous avec une hardiesse candide. [...] Comme la salle était fraîche, elle grelottait tout en mangeant, ce qui découvrait un peu ses lèvres charnues, qu'elle avait coutume de mordillonner à ses moments de silence.
    Son cou sortait d'un col blanc, rabattu. Ses cheveux, dont les deux bandeaux noirs semblaient chacun d'un seul morceau, tant ils étaient lisses, étaient séparés sur le milieu de la tête par une raie fine, qui s'enfonçait légèrement selon la courbe du crâne ; et, laissant voir à peine le bout de l'oreille, ils allaient se confondre par derrière en un chignon abondant, avec un mouvement ondé vers les tempes, que le médecin de campagne remarqua pour la première fois de sa vie. Ses pommettes étaient roses. Elle portait, comme un homme, passé entre deux boutons de son corsage, un lorgnon d'écaille.
(Gustave Flaubert, *Madame Bovary*, pp. 16-17.)

Même dans les portraits très simples observez la précision des termes : les cheveux *en natte* sont *épais* (1) ou *plantés* (2), *coupés droits sur le front* (3). La caractérisation des personnages est faite surtout au moyen de noms et d'adjectifs dans les deux premiers exemples. Par contre, dans les deux textes de Flaubert, les moyens stylistiques sont plus variés : pour décrire les ongles d'Emma remarquez les noms (*blancheur*, *bout*, *ivoires*, *amande*) et les adjectifs (*fins*, *nettoyés*, *taillés*) utilisés. Ses yeux sont dépeints à l'aide de noms (*yeux*, *cils*, *regard*, *hardiesse*) accompagnés d'adjectifs (*beaux*, *bruns*, *noirs*, *candide*).

La phrase dans laquelle Flaubert décrit les jambes du *nouveau* illustre bien sa technique : *en bas bleus*, utilisé en apposition est frappant par sa concision, due à une construction elliptique (= «recouvertes ou vêtues de bas bleus») ; un verbe actif, *sortaient*, ajoute de la vigueur à la phrase ; *jaunâtre* donne une impression de médiocrité (suffixe qui indique une qualité vague, terne) ; le pantalon est enfin caractérisé par une proposition participe, *très tiré par les bretelles*.

Si nous examinons les verbes de l'exemple (3) nous remarquons que Flaubert utilise à plusieurs reprises *être* et *avoir*, verbes polyvalents et non descriptifs. Il les combine avec des termes beaucoup plus précis :

> *être* :
> *était un gars de la campagne*
> > *plus haut de taille qu'aucun de nous tous*
> > *chaussé de souliers forts*
> *quoiqu'il ne fût pas large des épaules*
> *être nus*

> *avoir* :
> *avait les cheveux coupés*
> > *l'air raisonnable*

Les verbes descriptifs conjugués ou à l'infinitf sont peu nombreux (*apercevait*, *devait gêner*, *laissait voir*, *sortaient*) mais les participes passés pittoresques abondent (*resté*, *coupés*, *embarrassé*, *habitué*, *tiré*, *chaussé*, *cirés*, *garnis*). Vous pouvez relever les mêmes procédés dans l'exemple (4) : la fréquence des verbes *être* et *avoir*, contrastant avec l'emploi plus rare de verbes descriptifs, le nombre et la variété des participes passés et présents.

Dans les deux exemples, Flaubert introduit également des comparaisons : *comme un chantre de village* (3), *plus nettoyés que les ivoires de Dieppe*, *semblait chacun d'un seul morceau*, *comme un homme* (4). Ces portraits ont en commun l'accent mis sur l'apparence, ils sont essentiellement visuels.

23.2 Portraits actifs. Passons ensuite à des portraits plus complexes qui soulignent le comportement des personnages.

Exemple (5) :

Arrias a tout lu, a tout vu, il veut le persuader ainsi ; c'est un homme universel, et il se donne pour tel : il aime mieux mentir que de se taire ou de paraître ignorer quelque chose. On parle à la table d'un grand d'une cour du Nord : il prend la parole, et l'ôte à ceux qui allaient dire ce qu'ils en savent ; il s'oriente dans cette région lointaine comme s'il en était originaire ; il discourt des moeurs de cette cour, des femmes du pays, de ses lois et de ses coutumes ; il récite des historiettes qui y sont arrivées ; il les trouve plaisantes et il en rit le premier jusqu'à éclater. Quelqu'un se hasarde de le contredire et lui prouve nettement qu'il dit des choses qui ne sont pas vraies ; Arrias ne se trouble point, prend feu au contraire contre l'interrupteur. «Je n'avance, lui dit-il, je ne raconte rien que je ne sache d'original : je l'ai appris de *Séthon*, ambassadeur de France dans cette cour, revenu à Paris depuis quelques jours, que je connais familièrement, que j'ai fort interrogé, et qui ne m'a caché aucune circonstance.» Il reprenait le fil de sa narration avec plus de confiance qu'il ne l'avait commencée, lorsque l'un des conviés lui dit : «C'est Séthon à qui vous parlez, lui-même, et qui arrive de son ambassade.»
La Bruyère, *Caractères*, V, 9 (Classiques Larousse, I) p. 50.)

Exemple (6) :

Marcasse, dit *preneur de taupes*, faisait profession de purger de fouines, belettes, rats et autres animaux malfaisants les habitations et les champs de la contrée. [...] Aussi régulier dans sa tournée que la terre dans sa rotation, on le voyait à époque fixe reparaître dans les mêmes lieux où il avait passé l'année précédente, toujours accompagné du même chien et de la même longue épée.
Ce personnage était aussi curieux et plus comique, dans son genre, que le sorcier Patience. C'était un homme bilieux et mélancolique, grand, sec, anguleux, plein de lenteur, de majesté et de réflexion dans toutes ses manières. Il aimait si peu à parler qu'il répondait à toutes les questions par monosyllabes ; toutefois il ne s'écartait jamais des règles de la plus austère politesse, et il disait peu de mots sans élever la main vers la corne de son chapeau en signe de révérence et de civilité. [...] Il avait l'oeil et le pied dans toutes les maisons, il avait le jour la clef de

tous les greniers, et place le soir au foyer de
toutes les cuisines. Il savait tout, d'autant plus
que son air rêveur et absorbé inspirait l'abandon
en sa présence, et pourtant jamais il ne lui était
arrivé de rapporter dans une maison ce qui se passait dans une autre.
(George Sand, *Mauprat* (Paris : Garnier-Flammarion,
1969) p. 63.)

Exemple (7) :
A quinze ans il eut une période yé-yé. Nous col-
lectionnâmes les 45 tours. A seize ans il manifesta
un vif intérêt pour le beau sexe. De jeunes personnes dont j'ignorais toujours jusqu'au prénom
s'engouffraient dans sa chambre, drapées dans d'immenses imperméables crasseux, comme des espions de
la Série noire.
Il joua de la clarinette. Il but un peu.
A dix-sept ans il fut bouddhiste.
Il joua du tuba. Ses cheveux allongèrent.
A dix-huit ans il passa son bac. Un peu avant, il
avait été couvert de bijoux comme un prince hindou
ou un figurant de cinéma, une bague à chaque doigt.
J'attendais en silence, ébahie et intéressée comme
devant la pousse d'une plante, la mue d'une che-
nille.
Les bijoux disparurent. Il joua du saxophone, de
la guitare. Il fit 4 000 kilomètres en auto-stop,
connut les tribus de désert en Mauritanie, vit un
éléphant en liberté, voyagea couché à plat ventre
sur un wagon, à demi asphyxié par la poussière. Il
constata que Dakar ressemble étonnamment à Knokke-
le-Zoute (Belgique).
Il revint pratiquement sans chaussures, les
siennes ayant fondu à la chaleur du désert, mais
doté d'un immense prestige auprès de ses frères et
soeurs. Il rasa ses cheveux et fit des Sciences
économiques. Voilà la saga de Daniel.
(Françoise Mallet-Joris, *La maison de papier*, Livre
de Poche (Paris: Grasset, 1970) pp. 106-107.)

Le portrait de La Bruyère (5) décrit un type,
«l'homme universel» qui prétend tout savoir. La première phrase indique ses traits principaux sans le
décrire physiquement. La plus grande partie du texte
procède par anecdote et celle-ci se termine de façon
inattendue. Remarquez la presque totale absence d'adjectifs (*universel, lointaine, originaire, plaisante,
vraies, original, quelque, aucune*). Par contre, les
verbes dominent (46 formes verbales, c'est-à-dire
qu'un mot sur 5 environ est un verbe). Nous avons
donc ici un texte extrêmement actif. L'usage du

présent de narration accentue la vivacité du portrait. Le passage soudain au passé simple et à l'imparfait fait ressortir le côté inattendu de la pointe finale.

George Sand, elle aussi, indique le comportement du *preneur de taupes* en utilisant de nombreux verbes. Remarquez que, comme Flaubert, elle emploie à la fois des verbes polyvalents (*être, faire, avoir*) à côté de verbes plus précis (*purger, reparaître, s'écarter, élever, rapporter, inspirer,* etc.). Les noms et les adjectifs pittoresques sont plus abondants que chez La Bruyère, mais les verbes le sont moins (23 formes verbales dont 2 participes, soit 1 verbe sur 10 mots). Au lieu de raconter une anecdote l'auteur énumère une série d'actions usuelles à l'imparfait.

Des trois portraits, celui de Françoise Mallet-Joris est le plus manifestement ancré dans le temps : le passé simple indiquant une succession d'actions ponctuelles souligne l'évolution rapide du personnage. La répétition des notations d'âge vient s'y ajouter. La technique de Mme Mallet-Joris est d'accumuler, comme au cinéma, une série de vignettes, moins développées que l'anecdote de La Bruyère, mais frappantes par leur concision et leur précision. Notons encore le nombre de verbes (1 verbe sur 7 mots) et aussi la grande proportion de verbes actifs et précis. Ils sont accompagnés de noms et d'adjectifs hautement pittoresques (*drapées dans d'immenses imperméables crasseux, les siennes ayant fondu à la chaleur du désert*). La dimension temporelle vient donc s'ajouter aux impressions visuelles et même auditives. C'est le portrait le plus individualisé et le plus vivant.

EXERCICES D'APPLICATION

Exercice 1. Indiquez le genre de chacun des noms suivants et faites des groupes nominaux au moyen de déterminatifs et d'adjectifs précis et pittoresques.

_____ personnage _____

_____ tête _____

_____ front _____

_____ menton _____

_____ oeil _____

_____ nez _____

____ lèvre _____

____ oreille _____

____ cou _____

____ pommette _____

____ tempe _____

____ épaule _____

____ taille _____

____ main _____

____ doigt _____

____ poignée _____

____ ongle _____

____ jambe _____

____ pied _____

____ cheveu _____

____ chignon _____

____ voix _____

____ visage _____

____ ventre _____

Exercice 2. Relevez dans les exemples (3), (4), (6) et (7) les indications vestimentaires et trouvez-en d'autres qu'on pourrait utiliser dans ces portraits.

Exercice 3. Relevez dans les exemples (1), (3), (4), (6) et (7) les comparaisons explicites et implicites.

Exercice 4. Marcasse est peu bavard, poli et déférent. Par contre, Arrias est prolixe, présomptueux et impoli. En imitant La Bruyère, décrivez Marcasse dans son comportement en imaginant une scène anecdotique.

Exercice 5. Imaginez l'apparence physique d'Arrias et décrivez-le à la manière de Flaubert.

Exercice 6. Faites le portrait d'une personne que vous connaissez bien en imitant George Sand (6).

Exercice 7. Faites le portrait d'une personne que vous n'avez vue qu'une fois et dont le physique vous a frappé.

Exercice 8. Racontez à la manière de Mallet-Joris la «saga» d'une jeune personne de votre connaissance.

24 Le travail du style : la description

24.1 La narration descriptive. Au cours de la rédaction d'une étude, d'un reportage, etc., on trouve souvent des passages descriptifs. Etudions-en quelques échantillons.

Exemple (1) :
Mon enfance fut, en réalité, beaucoup plus marquée par le travail. J'ai fait l'école communale, rue de la Jussienne. Une petite école qui existe toujours, près du domicile de mes parents, rue Etienne-Marcel, dans le IIe arrondissement, à l'ombre de la Grande Poste. Puis je suis entré à l'école primaire supérieure Turgot, dans le IIIe ; c'est aujourd'hui un lycée. Le travail était intense, très dur, et ça convenait à mon caractère. La classe commençait à huit heures le matin et finissait à six heures le soir ; plus les devoirs à la maison. J'étais chauffé, comme nous dirions aujourd'hui. Je voulais réussir vite et, au grand scandale des dirigeants de l'école, j'ai préparé seul le premier bachot. J'avais quinze ans. J'ai réussi ; ce qui m'a permis, par la suite, d'avoir une bonne avance. [...]
Turgot était une école tout à fait moderne pour l'époque. Non pour la discipline, très stricte, mais pour les matières enseignées : beaucoup de maths, de langues étrangères — j'avais choisi l'allemand et l'espagnol — des travaux manuels et même un peu d'économie politique, ce qui était alors absolument exceptionnel. Une économie politique orthodoxe et classique, bien sûr !
Pour le second bac, je n'avais guère le choix et je suis allé à Louis-le-Grand. Ce fut ma seule année de lycée, mais aussi la plus mauvaise de ma scolarité.
Je n'appréciais pas du tout le nouveau climat ; à Turgot, j'avais été formé dans une ambiance sévère, autoritaire, répressive. C'était le vieux système et il m'avait aidé à être rigoureux pour moi-même.

J'étais entouré d'enfants du peuple, choisis par un
concours d'entrée difficile, pressés d'apprendre et
qui ne voulaient pas perdre de temps. J'étais comme
eux. A Louis-le-Grand, beaucoup de choses me
choquaient : heures de cours moins nombreuses,
travail moins dur, flottement, etc. Les camarades
n'apportaient pas la même ardeur qu'à Turgot. Ce
n'est pas une critique ; je constate seulement
qu'il y avait une immense différence, ne serait-ce
qu'au niveau du recrutement. A Turgot, des fils de
petits fonctionnaires, de boutiquiers, quelques
fils d'ouvriers, pas nombreux. A Louis-le-Grand,
des bourgeois, quelques «fils à papa», plus de soin
dans l'habillement. Les professeurs, eux aussi,
étaient moins accrocheurs. Au total, je ne m'y suis
pas trouvé très bien.
(Pierre Mendès France, *Choisir* (Paris : Stock,
1974) pp. 19-20.)

Pierre Mendès France évoque son enfance et sa
formation. Son optique est manifestement personnelle
(notez l'usage de la première personne) et son ton
familier ; le style est très proche d'un style parlé
(le livre est d'ailleurs écrit sous forme d'un
entretien). Il est intéressant de noter comment, au
cours de son récit, Mendès France décrit son école et
son lycée. Il oppose l'atmosphère, la population et
l'enseignement des deux établissements. Il note
précisément les détails, surtout par des noms. Les
verbes sont souvent simples et polyvalents (*être,
avoir*) mais les adjectifs, bien qu'assez rares, sont
pittoresques.

Exemple (2) :
    Trois sensations délimitent cet univers nouveau.
L'odeur : une âpre odeur de fer brûlé, de poussière, de ferraille. Le bruit : les vrilles, les
rugissements des chalumeaux, le martèlement des
tôles. Et la grisaille : tout est gris, les murs de
l'atelier, les carcasses métalliques des 2 CV, les
combinaisons et les vêtements de travail des ouvriers. Leur visage même paraît gris, comme si
s'était inscrit sur leurs traits le reflet blafard
des carrosseries qui défilent devant eux [...]
    Une fois accrochée à la chaîne, la carrosserie
commence son arc de cercle, passant successivement
devant chaque poste de soudure ou opérations
complémentaires : limage, ponçage, martelage [...]
Comme il n'y a pas d'arrêt, c'est aux ouvriers de
se mouvoir pour accompagner la voiture le temps de
l'opération. Chacun a ainsi, pour les gestes qui

lui sont impartis, une aire bien définie quoique
aux frontières invisibles : dès qu'une voiture y
entre, il décroche son chalumeau, empoigne son fer
à souder, prend son marteau ou sa lime et se met au
travail. Quelques chocs, quelques éclairs, les
points de soudure sont faits, et déjà la voiture
est en train de sortir des trois ou quatre mètres
de poste. Et déjà la voiture suivante entre dans
l'aire d'opération. Et l'ouvrier recommence.
(Robert Linhart, *L'Etabli* (Paris : Minuit, 1978)
cité par François de Closets, *Toujours Plus*
(Paris : Grasset, 1982) p. 252.)

Nous venons de lire deux paragraphes descriptifs :
le premier dépeint l'atmosphère de l'usine. Les
«sensations», *odeur*, *bruit* et impression visuelle de
grisaille, sont exprimées par des noms précis (*rugissements*, *combinaisons*, *carrosseries*, etc.), voire
techniques (*vrilles*, *chalumeaux*). Elles sont présentées par ordre d'importance croissante pour insister
particulièrement sur la *grisaille* (le mot *gris* est
répété et renforcé par l'adjectif *blafard*). Notez la
forte proportion de noms et d'adjectifs, beaucoup
plus nombreux que les verbes.
   Le deuxième paragraphe décrit les mouvements de la
chaîne et les gestes des ouvriers qui y travaillent.
Ici encore, des mots très précis (*aire*, *chalumeau*,
marteau, *lime*, *soudure*, etc.), mais puisque l'auteur
met l'accent sur les actions des ouvriers, il utilise
beaucoup de verbes (*accrochée*, *passant*, *se mouvoir*,
accompagner, *entre*, *décroche*, *empoigne*, etc.) Notez
que l'impression de rapidité est créée par la briè-
veté et l'économie des phrases ou des propositions,
et par la répétition de *quelques* et de *et déjà*. De
plus, la monotonie est soulignée par *Et déjà, la
voiture suivante...* et par *Et l'ouvrier recommence*.

Exemple (3)
   Levées à 3 heures du matin. Prêtes à 3 h 15 pour
aller à vélomoteur jusqu'au car des Lainières.
«Ramassées» entre 3 h 30 et 4 heures selon le
parcours. Chaque matin, les ouvrières du bassin
minier du Pas-de-Calais arrivent, à moitié endor-
mies, après un trajet de 30, 40 ou 50 kilomètres, à
4 h 40 aux portes de Roubaix. Vingt minutes plus
tard, après avoir revêtu leur blouse, éventuellement pris un petit déjeuner, elles vont entrer dans
la danse, la cadence des Lainières.
   Huit heures durant, interrompues par une pause de
vingt minutes, elles vont, telles des machines,
compléter le travail des machines.

Une dévideuse automatique va distribuer des pelotes de 50 grammes, les ouvrières du «pelotonnage» auront pour mission, sans gestes inutiles et le plus vite possible, d'étiqueter les pelotes, de retirer les pelotes, de remettre la machine en route pour les pelotes suivantes, pendant qu'elles empaquettent les précédentes. Un paquet, une minute, sous l'oeil vigilant de «contredames». C'est ce qu'on appelle une tâche répétitive avec prime de rendement selon la cadence.

13 h 30, elles reprendront le car pour 40 ou 50 kilomètres, reprendront la mobylette pour finir le trajet, rentreront à la maison vers 15 heures! Ainsi, chaque jour, elles passent en dehors de chez elles douze heures, pour un travail épuisant et sans intérêt, rémunéré sur la base de huit heures, qui leur assurera une fin de mois oscillant, primes de rendement incluses, autour de 3 000 F.

(Martine Allain-Regnault, *les Nouvelles litéraires*, cité par F. de Closets, *Toujours plus*, p. 232.)

Ce passage décrivant le travail féminin dans les usines lainières du Nord diffère un peu du texte précédent, qui insistait sur les sensations éprouvées par l'ouvrier et les rapides mouvements répétitifs de ses tâches. Martine Allain-Regnault met l'accent sur le temps. Notez les nombreuses références à l'heure, aux périodes (*vingt minutes, huit heures durant, pendant que, douze heures,* etc.) La mécanisation de leur travail est soulignée par la phrase : *elles vont, telles des machines, compléter le travail des machines,* par *entrer dans la danse* et *selon la cadence.* Observez aussi les expressions qui mettent l'accent sur le caractère répétitif de cet horaire et de ces tâches : *chaque jour, chaque matin, remettre, reprendront, rentreront.*

Les termes sont, comme dans l'exemple (2), précis (*vélomoteur, dévideuse, pelote, empaquettent, prime de rendement, mobylette,* etc.) mais dans l'ensemble moins techniques. L'auteur de ce reportage semble surtout vouloir décrire l'effet de cet horaire et de ces conditions de travail sur les ouvrières.

Le texte (2) met l'accent sur l'automobile fabriquée à la chaîne, qui domine la scène ; le texte (3) insiste davantage sur l'horaire auquel se plient les ouvrières travaillant à la chaîne. Voici donc deux exemples de prose narrative et descriptive, qui traduisent les intentions diverses de leurs auteurs.

24.2 Le paysage. La peinture du cadre, la description des lieux, du paysage est une autre forme de narration descriptive. Nous avons vu par exemple la façon dont Agnès Vardas décrivait Noirmoutier (exemple (2), 14.1). Lisons maintenant la description que Flaubert fait du bourg d'Yonville :

Exemple (4) :
On l'aperçoit de loin, tout couché en long sur la rive, comme un gardeur de vaches qui fait la sieste au bord de l'eau.
  Au bas de la côte, après le pont, commence une chaussée plantée de jeunes trembles, qui vous mène en droite ligne jusqu'aux premières maisons du pays. Elles sont encloses de haies, au milieu de cours pleines de bâtiments épars, pressoirs, charretteries et bouilleries disséminés sous les arbres touffus portant des échelles, des gaules ou des faux accrochées dans leur branchage. Les toits de chaume, comme des bonnets de fourrure rabattus sur des yeux, descendent jusqu'au tiers à peu près des fenêtres basses, dont les gros verres bombés sont garnis d'un noeud dans le milieu, à la façon des culs de bouteilles. Sur le mur de plâtre [...] s'accroche parfois quelque maigre poirier, et les rez-de-chaussée ont à leur porte une petite barrière tournante pour les défendre des poussins, qui viennent picorer, sur le seuil, des miettes de pain bis trempé de cidre. Cependant les cours se font plus étroites, les habitations se rapprochent, les haies disparaissent ; un fagot de fougères se balance sous une fenêtre au bout d'un manche à balai ; il y a la forge d'un maréchal et ensuite un charron avec deux ou trois charrettes neuves, en dehors, qui empiètent sur la route. Puis, à travers une claire-voie, apparaît une maison blanche au-delà d'un rond de gazon que décore un Amour, le doigt posé sur la bouche ; deux vases en fonte sont à chaque bout du perron ; des panonceaux brillent à la porte; c'est la maison du notaire, et la plus belle du pays.
(Gustave Flaubert, *Madame Bovary*, pp. 74-75.)

Notez la précision des termes, des noms (*toits de chaume, seuil, haies, fagot, forge, claire-voie, perron, panonceaux,* etc.) et des formes verbales (*plantée, encloses, épars, disséminés, accrochés. rabattus, bombés, garnis, s'accroche, picorer, empiètent, décore, brillent*).

Remarquez également les comparaisons qui ajoutent au pittoresque et donnent à la description une note plus personnelle : le bourg est *couché en long, comme un gardeur de vaches ; les toits de chaume, comme des bonnets de fourrure ;* les verres des fenêtres *sont garnis d'un noeud dans le milieu, à la façon des culs de bouteilles.*

Flaubert fait une description apparemment impersonnelle (*on l'aperçoit*), mais écrit que la chaussée *vous mène.* Cet usage de *vous* est fréquent avec le sujet *on.* Le lecteur (*vous*) est ainsi amené à voir le village de loin, puis à le découvrir peu à peu en suivant la route pour arriver jusqu'au centre. Cette impression de mouvement est créée non seulement par des verbes comme *commence, mène, se font, se rapprochent, disparaissent* et *apparaît,* mais aussi par les nombreuses expressions de lieu (prépositions, adverbes et locutions) : *de loin, au bord de, au bas de, après, en droite ligne, jusqu'aux, au milieu, sous, dans, dans le milieu, sur, au bout d', en dehors, à travers, au delà, à chaque bout.* Remarquez que certaines expressions sont utilisées pour désigner le lieu dans le temps du parcours (*après, puis, ensuite*).

Voici enfin un texte de Chateaubriand décrivant un paysage de manière plus poétique :

Exemple (5) :

Une heure après le coucher du soleil, la lune se montra au-dessus des arbres à l'horizon opposé. Une brise embaumée, que cette reine des nuits amenait de l'orient avec elle, semblait la précéder dans les forêts comme sa fraîche haleine. L'astre solitaire monta peu à peu dans le ciel ; tantôt il suivait paisiblement sa course azurée ; tantôt il reposait sur des groupes de nues qui ressemblaient à la cime de hautes montagnes couronnées de neige. Ces nues, ployant et déployant leurs voiles, se déroulaient en zones diaphanes de satin blanc, se dispersaient en légers flocons d'écume, ou formaient dans les cieux des bancs d'une ouate éblouissante, si doux à l'oeil, qu'on croyait sentir leur mollesse et leur élasticité.

La scène sur la terre n'était pas moins ravissante : le jour bleuâtre et velouté de la lune descendait dans les intervalles des arbres et poussait des gerbes de lumière jusque dans l'épaisseur des plus profondes ténèbres. La rivière qui coulait à mes pieds tour à tour se perdait dans le bois,

tour à tour reparaissait brillante des constellations de la nuit, qu'elle répétait dans son sein. Dans une savane, de l'autre côté de la rivière, la clarté de la lune dormait sans mouvement sur les gazons ; des bouleaux agités par les brises et dispersés çà et là formaient des îles d'ombres flottantes sur cette mer immobile de lumière. Auprès, tout aurait été silence et repos, sans la chute de quelques feuilles, le passage d'un vent subit, le gémissement de la hulotte; au loin, par intervalles, on entendait les sourds mugissements de la cataracte du Niagara, qui, dans le calme de la nuit, se prolongeaient de désert en désert et expiraient à travers les forêts solitaires.
(Chateaubriand, *Le Génie du christianisme*, O.C., XI (Paris : Ladvocat, 1826-1831) pp. 256-257.)

Vous étudierez dans les exercices le vocabulaire et les procédés de Chateaubriand.

EXERCICES D'APPLICATION

Exercice 1. Trouvez dans les exemples (2), (3) et (5) des noms ou expressions nominales qui pourraient être remplacés par des verbes.

Exemples :
sensations → sentir
les rugissements des chalumeaux → les chalumeaux rugissent

Exercice 2. Indiquez le genre des noms suivants.

____ carcasse		____ cercle
____ soudure		____ limage
____ ponçage		____ martelage
____ minute		____ geste
____ pelote		____ prime
____ rendement		____ devoir
____ époque		____ cours
____ flottement		____ habillement
____ tremble		____ haie
____ cour		____ pressoir

____ échelle	____ faux
____ chaume	____ fourrure
____ bouteille	____ plâtre
____ poirier	____ cidre
____ balai	____ gazon
____ fonte	____ notaire

Exercice 3. Les verbes des expressions suivantes, qui figurent dans les exemples du chapitre, sont imprécis. Remplacez-les par des verbes plus pittoresques tirés de la liste suivante (vous pourrez choisir la forme pronominale pour certains).

diminuer	arrêter
exister	insister
suivre	rapetisser
rétrécir	trouver
prendre	ravir
accrocher	terminer

1. Ils font des photos.

----

2. Il y a trois banques.

----

3. Les cours se font plus étroites.

----

4. Il n'y a pas d'arrêt.

----

5. Les points de soudure sont faits.

----

6. J'ai fait l'école communale.

----

7. Il y avait une immense différence.

----

8. Les professeurs étaient moins accrocheurs.

----

9. La scène n'était pas moins ravissante.

Exercice 4 Vocabulaire descriptif. Trouvez dans le texte (5) des termes qualificatifs pittoresques dont les synonymes moins descriptifs seraient les suivants.

bleu _____

parfumé _____

recouvert _____

transparent _____

brillant _____

doux _____

Notez les noms précis ou pittoresques : *horizon, haleine, astre, nues, cime, satin, ouate, gerbes, constellations, sein, savane, gazons, bouleaux, gémissement, hulotte, mugissements, cataracte.* Lesquels pourraient être remplacés par des noms plus courants? Quel effet cela aurait-il?

_____

_____

_____

_____

_____

_____

_____

Notez les verbes descriptifs : *se montra, précéder, ployant, déployant, se déroulaient, se dispersaient, dormait, se prolongeaient, expiraient.* Par quels verbes plus courants pourraient-ils être remplacés? Quel serait l'effet produit?

_____

_____

_____

_____

_____

_____

_____

Exercice 5. Notez les procédés stylistiques que Chateaubriand et Agnès Vardas (exemple (2), 14.1) utilisent et relevez-en d'autres exemples dans ces deux textes.

personnification : *il* [l'astre solitaire] *suivait paisiblement sa course...*

---

comparaisons : *des groupes de nues qui ressemblaient à la cime de hautes montagnes couronnées de neige*

---

métaphores : *la clarté de la lune dormait sans mouvement sur les gazons*

Exercice 6. Rédigez deux paragraphes descriptifs en ajoutant au texte de base donné ci-dessous des adjectifs et des adverbes tirés des listes suivantes.

Adjectifs : puissant, premier, impressionnant, abrupt, enneigé, bleu profond, inoubliable, étincelant, somptueux, vert sombre, glacial, voisin.

Adverbes : guère, bientôt, tout d'abord, enfin, plus, soudain, lentement, paisiblement.

Texte de base :

Nous sommes arrivés devant les sommets de la chaîne. La montagne se voyait derrière le village. Un glacier était sur une de ses pentes. Un lac se trouvait sur la droite. Ses eaux étaient calmes et on y voyait les forêts qui étaient autour.

L'air était pur, le soleil baissait et le village devenait tranquille. On n'entendait rien que les clochettes des bêtes qui rentraient des prés pour rester la nuit à l'étable.

Maintenant, essayez d'améliorer votre texte en remplaçant les verbes par d'autres verbes plus expressifs, tirés de la liste suivante ou du texte de Chateaubriand : recouvrir, descendre, s'étendre, parvenir, s'apercevoir, entourer, refléter, se dessiner, se dresser, se coucher, s'endormir, s'apaiser, passer.

Exercice 7. En imitant Mendès France, décrivez vos impressions après avoir changé d'établissement scolaire.

Exercice 8. Décrivez, suivant les procédés utilisés par Flaubert (Yonville) ou Agnès Varda (Noirmoutier), l'arrivée à une ville que vous connaissez bien.

25 La rédaction finale

25.1 Premier jet ou brouillon. Vous allez rédiger le premier jet dans un «brouillon» que vous pourrez facilement réviser. Il faut donc laisser une marge importante et un double ou triple interligne.

Vous suivrez votre plan en donnant dans la marge un titre à chaque paragraphe. Ceci vous aidera à bien isoler les différentes phases de votre développement. Enoncez l'idée principale du paragraphe, puis développez-la à l'aide d'un ou deux exemples concrets. Si votre développement est long, faites le point à la fin du paragraphe, avant de passer au suivant.

25.2 Style. Le style est un choix. A vous de choisir la forme qui convient le mieux à votre pensée. A vous de décider tout d'abord *qui* vous êtes quand vous écrivez (l'ami, la conseillère, la secrétaire, le postulant, le philosophe, l'amateur d'art, etc.), ce qui fixe et détermine votre voix, votre ton. A vous aussi, enfin, de définir *pour qui* vous écrivez (confident, supérieur, public restreint, grand public, etc.), et d'adopter le style le plus approprié. On n'écrit pas de la même façon à sa grand-mère, à un professeur, à un éditeur, etc.

Les registres ou niveaux de langue sont nombreux, depuis le français familier, proche de la langue parlée, jusqu'aux formes solennelles de la langue officielle. Ainsi, on peut écrire à un ami :

Plus de colle forte : stock épuisé. Pas de veine!

Dans une lettre commerciale le même message serait rédigé :

Nous regrettons de vous informer que notre stock de colle forte est épuisé.

Pour les lettres, référez-vous au chapitre 21 et aux manuels de correspondance mentionnés dans l'appendice 3.

Parmi les textes que nous avons étudiés aux chapitres précédents figurent plusieurs articles de presse. Le style en est quelque peu différent de celui des études destinées à un public plus spécialisé. On remarque souvent dans la presse des phrases incomplètes, des tournures elliptiques. (Voir 20, exercices 1 à 5.) Il est fortement recommandé aux étudiants d'éviter ces tournures dans leurs travaux écrits : rédigez des phrases complètes.

Pour traiter les sujets qui vous demandent une réflexion personnelle, il est tout à fait possible d'écrire à la première personne : voyez par exemple la description de Noirmoutier faite par Agnès Varda. Si vous choisissez donc cette voix directe, tenez-vous-y, pour garder l'unité de ton. Vous pourrez aussi faire allusion à des expériences personnelles.

Quand vous devez écrire des dissertations sur des sujets généraux ou littéraires, il vaut mieux éviter la première personne du singulier: le français préfère le *nous* au *je*. Variez vos constructions, évitez de procéder par une énumération d'impératifs, par exemple : *Analysons tout d'abord...*, *Passons ensuite...*, *Examinons maintenant...* Choisissez une expression équivalente comme: *Il convient maintenant d'examiner...* ou *Nous devons considérer à présent...* Mais n'abusez pas non plus des expressions impersonnelles comme : *il faut, il est utile,* etc.

Evitez les expressions familières ou argotiques qui appartiennent au registre de la langue parlée, et dont les nuances sont de plus difficiles à saisir pour quelqu'un qui n'écrit pas dans sa langue maternelle.

Puisque le français est pour vous une seconde langue, votre premier souci doit être la correction grammaticale. La force et l'élégance du style viendront ensuite. Pour le moment, soyez simple, clair et précis. N'embellissez pas inutilement et évitez les exagérations et les redondances. Méfiez-vous des phrases trop longues et complexes, des mots compliqués (en connaissez-vous bien le sens?), des métaphores mixtes ou trop travaillées. Si vous hésitez entre deux ou trois façons de vous exprimer, la meilleure est sans doute la plus simple. Soyez précis et concis.

Soyez aussi sincère, dites ce que vous pensez, vous aurez ainsi beaucoup plus de chances de convaincre ou d'émouvoir le lecteur. Mettez à profit votre expérience personnelle, vos propres souvenirs, vos propres réflexions.

Si vous utilisez des idées recueillies au fil de vos lectures, dans d'autres cours, etc., vous devez les identifier comme telles, en les citant directement entre guillemets, ou en les paraphrasant et en indiquant leur origine. Dans les deux cas, une note de référence est nécessaire (voir 25.5.2 et 25.5.4) Par exemple :

> *Un critique contemporain, Gaétan Picon, affirme que...* (paraphrase ou citation brève).[1]
> *Rousseau soutenait que...* (citation ou para- phrase).[2]

La note de référence doit être complète et exacte.

Mais n'abusez pas des citations! Les étudiants qui se sentent peu sûrs d'eux-mêmes pensent bien faire en se réfugiant derrière une mosaïque de citations. Il est bon de montrer que vous avez pris connaissance d'autres travaux déjà réalisés dans le domaine qui vous concerne, si vous écrivez un long rapport ou une dissertation, mais ce qui intéresse votre lecteur, c'est votre propre interprétation, votre jugement personnel, votre effort de réflexion.

25.3 Révision finale. Vous avez donc choisi votre titre, rédigé une introduction dans laquelle vous annoncez le sujet et ses limites et esquissez la démarche que vous allez suivre, écrit votre développement au fur et à mesure du déroulement logique de votre pensée, et conclu de façon à ne pas laisser d'équivoque sur votre point de vue ou l'objet de votre texte. Arrêtez-vous et faites autre chose. Il faut si possible prendre du recul, s'éloigner de son texte.

Ensuite vous y reviendrez et essaierez de le lire comme si vous n'en étiez pas l'auteur. Votre devoir est-il entièrement clair et compréhensible? N'avez-vous sauté aucune étape?

Faites particulièrement attention :

— à l'orthographe et à la ponctuation ;
— aux temps des verbes (un résumé, un compte rendu, une dissertation, sont généralement au présent, une narration au passé ou au présent, une lettre peut être au futur, etc.) : ne mélangez pas le passé simple et le passé composé, le présent et le futur, sauf quand vous établissez des rapports chronologiques certains ;
— aux accords entre les noms et leurs déterminants, les sujets et les verbes, etc.) ;

—aux répétitions trop fréquentes de certains termes ou de certaines structures : le français préfère la variété, essayez de trouver des synonymes, des expressions parallèles (sauf dans les cas où la répétition est voulue pour marquer l'emphase).

Evitez les termes trop abstraits, mais veillez à ne pas abuser des adjectifs trop fleuris, des adverbes en -ment.

Si possible, remplacez les verbes généraux comme *faire*, *aller*, *avoir*, etc., par des verbes plus précis ou plus pittoresques, les noms comme *chose*, *gens*, par des noms plus spécifiques.

Attention aux phrases sans verbe, il vaut mieux les éviter.

Attention aussi à l'abus de la forme passive, beaucoup moins utilisée en français qu'en anglais : remplacez-la par la forme pronominale ou la forme active, si possible (voir 13.1).

25.4 Rédaction et présentation. Vous êtes maintenant entièrement satisfait de votre chef-d'oeuvre. Vous voilà prêt à le recopier «au propre», à la main ou à la machine. Les devoirs dactylographiés sont moins fréquents en France qu'en Amérique, mais certainement acceptés. Nous l'avons dit plus haut, pour une demande d'emploi, on préfère souvent une lettre manuscrite. Il faut donc veiller particulièrement à la netteté de la présentation. Ecrivez à l'encre, lisiblement, en évitant les ratures.

Quand vous remettez un devoir ou un examen, écrivez en haut et à droite votre nom (prénom et nom de famille), le nom du cours ou autres indications exigées par le professeur, et enfin la date, non abrégée (voir 4.2.2) Par exemple :

> Joann Brown-Smyth
> Le Roman
> autobiographique
> le 15 octobre 1984

—Laissez 5 ou 6 lignes avant le titre, pour permettre au professeur d'écrire ses appréciations et remarques.
—Centrez le titre et soulignez-le.
—Sautez une ou deux lignes avant de commencer votre introduction.
—Utilisez un alinéa au début de chaque paragraphe et sautez une ligne entre les grandes parties de votre devoir.

—Laissez une marge suffisante à gauche pour les observations ou corrections du professeur (malgré tous vos efforts, il risque quand même d'y en avoir quelque-unes!)

—Sauf si le professeur demande une autre présentation, écrivez une ligne sur deux (double interligne si votre devoir est dactylographié).

—Attention à couper les mots correctement, à mettre les majuscules qui sont nécessaires, à souligner les termes qui sont en italique (revoir particulièrement les chapitres 2 et 3).

—Dans les comptes rendus de lecture, ou même dans certains résumés, vous pouvez garder des titres pour vos différents paragraphes, et même les numéroter. Mais dans des exercices plus personnels, des lettres ou des dissertations, la rédaction finale ne comporte ni sous-titres ni paragraphes chiffrés.

—Si vous citez des vers, veillez à ce que la disposition reflète exactement la typographie originale du poème : allez à la ligne pour chaque vers, commencez-le par une majuscule, etc.

—Après votre conclusion, rédigez toutes les notes et références bibliographiques, telles qu'elles sont indiquées ci-dessous.

25.5 Citations, notes et références bibliographiques. L'usage français varie quelque peu, et les règles sont plus souples que celles qui sont en vigueur en Angleterre et aux Etats-Unis. Il faut cependant observer attentivement les directives suivantes :

25.5.1 Citations dans le texte

—toute citation doit être mise entre guillemets («...») et identifiée par une note, soit au bas de la page, soit à la fin du texte; à l'intérieur de la citation entre guillemets, la ponctuation originale est respectée intégralement, ainsi que les majuscules ;

—tout emprunt et toute référence, directe ou indirecte, doivent également être identifiés dans une note complète ;

—la première référence doit être complète (voir ci-dessous)

—une longue citation (plus de 4-5 lignes) est placée en retrait du texte, précédée d'une double marge et d'un triple interligne ; dans ce cas, les guillemets ne sont pas utilisés.

25.5.2 Modèles de citations. «La mélancolie verlainienne va parfois jusqu'au morbide».[1] (Paule SOULIE-LAPEYRE, *Le Vague et l'aigu dans la perception verlainienne*, Publications de la Faculté des Lettres et Sciences humaines de Nice, «Les Belles Lettres» 1975, p.15).

On peut citer cette phrase de plusieurs façons :

(1) Un critique récent a remarqué : «La mélancolie verlainienne va parfois jusqu'au morbide».[1]

(2) Suivant Mme Paule Soulié-Lapeyre, la «mélancolie verlainienne va parfois jusqu'au morbide».[1]

(3) Dans une analyse récente de la poésie verlainienne, un critique a avancé que la «mélancolie verlainienne» allait «parfois jusqu'au morbide», mais nous ne sommes pas entièrement d'accord avec cette assertion.[1]

ou : ...un critique a avancé que la «mélancolie verlainienne [allait] parfois jusqu'au morbide»...

Voici un exemple de référence :

(4) On a même pu qualifier la mélancolie de Verlaine de «morbide».[1] (Dans ce cas, on fait généralement précéder le nom de l'auteur et de l'ouvrage par *Voir*.)

25.5.3 Notes de référence. Les références sont données soit dans des notes placées au bas de la page, soit dans des notes groupées à la fin du chapitre ou du travail. La première référence à un ouvrage doit être complète et mentionner le nom de l'auteur, le titre complet de l'ouvrage ou de l'article, le titre du périodique, le volume, le cas échéant, les date et lieu de publication pour les livres, la date et le numéro pour les journaux et périodiques, et la ou les pages. Si l'on fait référence au même livre ou article dans une ou des notes suivantes, on peut abréger, en donnant le nom de l'auteur, le titre abrégé (pour éviter toute ambiguïté possible, si deux ou plusieurs ouvrages du même auteur sont cités), et la page. On évite aujourd'hui les abréviations traditionnelles *op. cit.*, ou *loc. cit.*, ou *ibid* ;

25.5.4 Modèles de notes

[1]VOLTAIRE, *Romans et Contes*, éd. Henri Bénac, Paris, Garnier, 1960, p. 18.

[2]GUIRAUD, P., *La Grammaire*, Collection «Que Sais-je?», Paris: P.U.F., 1958, p. 76.

[3]G. PICON : *Panorama de la nouvelle littérature française*, nouv. éd., Gallimard, 1960, p. 34.

•Remarque : ce genre de note (qui figure dans un ouvrage publié par Garnier) est typique de la pratique française qui abrège souvent le prénom de l'auteur, met son nom en majuscules, et n'indique pas le lieu de publication si celui-ci est Paris. Il est fortement recommandé aux étudiants de l'indiquer dans leurs travaux.

Si l'on a plusieurs auteurs on indique la référence de la façon suivante :

[4]M. de Gandillac, J. Fontaine, J. Châtillon, M. Lemoine, J. Gründel, P. Michaud-Quantin, *La pensée encyclopédique au Moyen Age*, Neuchâtel, UNESCO — La Baconnière, 1966, pp. 50-76.

Pour les citations d'articles de périodiques, on peut observer une des formes suivantes :

[5]A. OLLIVIER : «Albert Camus et le refus de l'éternel», *L'Arche*, n° 6, oct.-nov. 1944, pp. 158-163.

[6]O. NADAL, «L'impressionnisme verlainien», *Mercure de France* 1er mai 1952, t. II, pp. 59-74.

[7]P. Barrière, «Eléments personnels et éléments bordelais dans les *Lettres Persanes* . *Revue d'histoire littéraire de la France*, 51, janvier 1951, p. 17-36.

Cette dernière référence est tirée d'un ouvrage publié par Gallimard. En Amérique, la pratique la plus courante est celle que prescrit la Modern Language Association, et qui donnerait les formes suivantes pour les exemples (3), (6) et (7) :

Pour un livre :

[3]Gaétan Picon, *Panorama de la nouvelle littéraire française*, nouv. éd. (Paris: Gallimard, 1960) 34.

Pour un article de périodique :

⁶Octave Nadal, «L'impressionnisme verlainien,» *Mercure de France*, 1ᵉʳ mai 1952, II : 59-74.
⁷Paul Barrière, «Eléments personnels et éléments bordelais dans les *Lettres Persanes* , *Revue d'Histoire Littéraire de la France*, 51 (1951) : 17-36.

Quand on se réfère ensuite aux mêmes ouvrages ou articles, on abrège la référence comme suit :

¹Voltaire, p.52.
²Picon, p. 45.

ou, si plusieurs ouvrages de Picon étaient cités :

³Picon, *Panorama*, p. 45.

25.5.5 Bibliographie. Une liste bibliographique complète des ouvrages consultés et cités est donnée à la fin du travail, organisée alphabétiquement par auteur. Dans les longs mémoires et thèses, on divise les ouvrages consultés par catégories: oeuvres de l'auteur, sources principales, sources secondaires, livres, articles, etc.

EXERCICES SUPPLÉMENTAIRES

1 Accents et autres signes orthographiques

Exercice 1. Dans les phrases et les paragraphes suivants ajoutez tous les accents et signes nécessaires.

1. Les grands batiments tels que les hotels et les hopitaux sont generalement realises par des architectes engages par des societes privees.

_____
_____
_____
_____

2. Tout le monde descendit de voiture pour qu'on put nettoyer le vehicule et reorganiser le chargement des bagages.

_____
_____
_____

3. Au dela de la frontiere espagnole, vous ne serez plus sous la protection des memes lois ni des reglements applicables dans d'autres pays europeens.

_____
_____
_____
_____
_____

4. Sa propriete est contigue a la notre, mais il ne nous impose aucune restriction a son acces; comme ca nous pouvons arriver a la riviere beaucoup plus facilement.

_____

_____

_____

_____

5. Nous ne voulumes pas les empecher d'utiliser cette expression archaique, apres qu'ils se furent si bien acquittes du reste de la traduction : c'etait un texte plein d'embuches.

_____

_____

_____

_____

6. Le rayonnement de cette fete se traduit aussi par la presence du plus grand réseau de television etranger qui projette aussi loin qu'au Japon l'image d'une ville qui a su apprivoiser l'hiver.
Une equipe culinaire composee de gastronomes, sous la surveillance du chef executif de l'hotel Hilton, preparera un excellent menu accompagne d'un vin renomme.

_____

_____

_____

_____

_____

_____

7. Calgary est une ville dynamique. C'est la que se tiendra Le Rendez-Vous 87 , evenement annuel qui attire un million de visiteurs. Cette ville est situee au pied des Rocheuses pres d'une region magnifique, avec un lac turquoise et emeraude, un pic

enneige, une chute d'eau spectaculaire et une foret
profonde.

_____

_____

_____

_____

_____

_____

_____

_____

3 Majuscules et minuscules

Exercice 1. Dans le texte *Appel aux Français*
(chapitre 19, exercice 3) relevez les adjectifs et
les noms de nationalité et expliquez l'emploi ou
l'absence de majuscules.
Faites le même exercice pour le texte *La querelle
de la nationalité* (chapitre 19, exercice 5).
Examinez l'usage des majuscules dans les textes des
exercices 2 et 4 du chapitre 20.

Exercice 2. Ecrivez les phrases suivantes en
ajoutant les majuscules nécessaires.

1. georges bernanos, romancier catholique français
du vingtième siècle, a écrit *le journal d'un curé de
campagne* et *sous le soleil de satan*.

_____

_____

_____

_____

2. vous trouverez des références utiles dans les
numéros d'octobre des *temps modernes* et de *la nouvelle revue française*.

_____

_____

_____

3. les britanniques insistent pour que la france
respecte intégralement le verdict de la cour de

justice européenne de luxembourg. la commission européenne partage leur avis. mardi, la délégation française a compris que m. walker avait accepté que les primes soient prises en charge par le fonds européen d'orientation et de garantie agricole. la position du ministre britannique n'a d'aucune manière le sens qu'ont compris les français.

----

4 Ponctuation et signes

Exercice 1. Mettez la ponctuation et les signes nécessaires dans le dialogue suivant.

Le mari furieux du retard de sa femme l'interrogea Pourquoi rentres-tu si tard Je ne vois pas pourquoi j'aurais des comptes à te rendre répliqua-t-elle piquée Tu ne me dis pas toujours où tu as été non plus Tu aurais pu au moins me prévenir que tu rentrerais tard je me serais moins inquiété fit-il radouci Il y a toujours bien un téléphone quelque part si on veut se donner la peine d'appeler Eh bien non la dame chez qui j'étais n'en avait pas et puis d'abord je ne pensais pas que tu serais déjà rentré tu devais t'arrêter à Saint Calais n'est ce pas Ça n'a aucune importance tu aurais dû faire l'effort ce n'est pas bien gentil de ta part

----

Exercice de récapitulation des chapitres 1, 2, 3, et 4

Exercice 1. Dans les paragraphes suivants ajoutez les accents, les majuscules, la ponctuation et les signes nécessaires.

1. le maroc s'est retire le lundi 12 novembre de l'organisation de l'unite africaine qui tient sa vingtieme assemblee a addis abeba en replique a l'admission officielle de la republique arabe sahraouie democratique dans son palais de fes le mercredi 7 novembre le roi du maroc avait confie ses reflexions sur ce sujet et sur bien d'autres au cours d'un entretien a batons rompus accorde a nos envoyes speciaux

---

---

2. la societe matra signe avec la chine un accord de cooperation spatiale qui se traduira dans un premier temps par la venue de douze ingenieurs

chinois au centre matra a toulouse ou ils suivront des stages de formation de quatre a six mois en 1985 les etats unis par l'intermediaire de la nasa de meme que l'allemagne federale et l'italie avaient deja conclu des accords de transfert de technologie avec la chine il etait important pour matra de suivre leur exemple le groupe francais est en effet en competition avec deux societes ford aerospace et rca et une firme ouest allemande mmb pour repondre a un appel d'offres lance par la chine pour l'achat de satellites de television directe (1 et 2 le monde selection hebdomadaire 8 14 novembre 1984)

---

5 Problèmes d'orthographe

Exercice 1. Citez 5 noms terminés en *-ion* et donnez tous les mots dérivés de ces noms en français (verbes, adjectifs, adverbes, etc.).

1. ___

---

2. _____
_____
_____
_____

3. _____
_____
_____
_____

4. _____
_____
_____
_____

5. _____
_____
_____
_____

Exercice 2. Un grand nombre de mots apparentés ne diffèrent que par l'addition d'un -e final en français (ex. : *band*/la *bande*, *poem*/le *poème*). A vous de trouver des mots apparentés pour les catégories suivantes.

-ch final en anglais :

_____
_____
_____

-d final en anglais :

_____
_____
_____

-m final en anglais :

_____
_____
_____

-n final en anglais :

_____

_____

-p final en anglais :

_____

_____

-r final en anglais :

_____

_____

-t final en anglais :

_____

_____

-x final en anglais :

_____

_____

Exercice 3. Dans un autre groupe de mots apparentés à l'anglais, la consonne finale est doublée avant le -e en français (ex. : *gram/gramme*). A vous de trouver des mots apparentés pour les catégories suivantes.

-l final en anglais :

_____

-m final en anglais :

_____

_____

-n final en anglais :

_____

-t final en anglais :

Exercice 4. Certains mots anglais terminés en −k sont apparentés à des mots français terminés en -que ou -che. Trouvez plusieurs mots qui appartiennent à ces deux catégories.

Exercice 5. Les mots apparentés comme *alignment/ alignement* ont un -e en français avant le suffixe -*ment*. Trouvez-en d'autres de ce type.

6 Les genres

Exercice 1. Indiquez le genre des noms suivants tirés des textes figurant au chapitre 18.

____ droit	____ borne
____ abus	____ empire
____ violence	____ ordre
____ édifice	____ fleuve
____ transport	____ munition
____ orage	____ cabane
____ flèche	____ sueur
____ essence	____ preuve

Exercice 2. Indiquez le genre des noms suivants tirés des textes figurant au chapitre 19.

____ demande		____ emploi	
____ déclin		____ ressource	
____ avenir		____ hygiène	
____ univers		____ chair	
____ naissance		____ territoire	
____ force		____ abandon	
____ incendie		____ culpabilité	
____ crime		____ notion	
____ assassinat		____ plaidoirie	
____ platitude		____ exemplaire	
____ recrue		____ serment	
____ symbole		____ pression	
____ écume		____ essentiel	

7 Problèmes de nombre

Exercice 1. Traduisez soigneusement les phrases suivantes.

1. We bought provisions at great expense.

----

2. His grandfather will need to wear a formal suit to go to his engagement party.

----

3. "Can you play chess with me now?" "No, I have to do the dishes."

----

4. She spoke straight out and told me what she thought of it.

----

5. Read the directions carefully before unpacking
the contents of this carton.

----

6. That case will be heard in criminal court next
year.

----

7. My twin sister has very poor eye-sight and
needs glasses.

----

8. Grapes produced in the area surrounding
Bordeaux are very valuable.

----

9. "Did you hear the wonderful news? I got a
$1,000 honorarium for my lecture!"

----

10. Bring all your personal things and don't forget
your new gray pants.

----

8 et 9 Le groupe nominal et le groupe verbal

Exercice 1. Dans les phrases suivantes faites les accords nécessaires de tous les mots entre parenthèses.

1. L'identité du donneur est toujours (inconnu) du receveur ; bien que le secret sur le nom des (géniteur) soit (complet), (certain) banques de sperme sont particulièrement (coté) pour le (haut) niveau des (élément) (congelé).

----

2. (Tout) les (site) (archéologique), (temple) (colossal) et (statue) de (titan), (colonnade) (imposant) et peintures d'(un) (incroyable) fraîcheur (être, imparfait), malgré (leur) beauté, (dominé) par les images (éblouissant) que le Nil (dérouler) sur (son) (bord).

----

3. Ce (être, présent) de (petit) fèves qui (comporter) beaucoup de (protéine), et qui (pouvoir) être un substitut du soja dans les (climat) où le soja ne (réussir) pas très bien.

----

4. Il (avoir, futur) des relations (étroit) et (permanent) avec les services (commercial) et

(technique) qu'il (approvisionner, futur) en pièces
(détaché) et outillages (divers).

_____

_____

_____

_____

5. Nous vous (offrir, présent) (ce) chance de
travailler aux (application) (industriel) de (ce)
découvertes (récent).

_____

_____

_____

6. Lui et moi (courir, passé composé) (tout) (le)
matinée sans nous (arrêter).

_____

7.   (Quel) formation (professionnel) avez-vous
(reçu)?

_____

8. Après (le) (premier) page (paraître) les titres
(abrégé) de (tout) les romans et nouvelles (publié)
par les écrivains de (ce) groupe.

_____

_____

_____

9. Elle ne s'est pas (faire) (couper) les cheveux,
mais elle (le) (faire) (teindre) parce qu'ils (être)
(tout) (blanc).

_____

_____

_____

_____

Exercice 2. Dans les phrases suivantes, complétez les espaces vides pour faire les accords s'il y a lieu.

1. Ils n'ont pas fini___ de bousculer, à l'usine et au domicile habituel___, bien d___ habitude___.

2. Manon Lescaut, héro___ d'un__ ouvrage renommé__ de l'abbé Prévost, était un__ fille galant___ déporté___ en Louisiane et suivi___ par s___ amant.

3. C'est l'année de l___ rupture d___ relation___ germano___américain___.

4. As-tu reçu___ les vêtement___ que je t'avais envoyé___?

5. Il y a d___ centaine___ de restaurant___ qui ont des terrasse___ à Paris, mais finalement assez peu qui ai___ d___ charme.

6. C___ rue et c___ jardin public__ s___ très peu conn___ des touriste___ et voyageur___ étranger__.

7. Il__ reste__ plusieurs problème__ qui demande__ à être résolu___.

8 Ils aurai___ voulu__ nous emmen__ avec e___, mais les principa___ membre__ d___ comité administrati___ n'étai___ pas d'accord___.

9. Les gens chic___ ne sont pas toujours à l___ mode, et c___ qui porte__ des vêtement__ dernier__-cri___ ne s'habille__ pas toujours suivant__ l__ meilleur___ goût.

10. C___ romancière et c___ critique contemporain__ aur___ l'occasion de communiquer avec leur___ public_ __ : ___ se sont laissé___ interrog___ par un animateur réputé___ pour u___ programme de télévision.

Exercice 3. Traduisez.

1. We can take a walk when you return.

---

2. The professor always insists on our turning our work in on time.

---

3. She had a lot of problems because of her inability to make decisions.

---

4. They felt a certain sadness at having to return to school right away.

---

5. Take advantage of any one of these trips, except for the last three listed.

---

6. His former roommate has the most interesting plan.

---

7. A green dress would be a very pretty outfit for such an occasion.

---

8. Poor people have to work every day, and they generally live day by day.

----

9. If you refer to the last paper he gave, you will find that it deals with this very point.

----

10. Also, the character whose part she played was a thief.

----

11. Maybe, this is one of the vacations I enjoyed most.

----

10 Le pronom relatif

Exercice 1. Complétez les phrases suivantes en utilisant les pronoms relatifs convenables.

1. Ils lui disputent une proie ____ il réservait à ses excès.
2. Ce sont deux moyens de destruction ____ l'un sert à entretenir la jeunesse de la nature.
3. Chaque individu ____ naît tombe de lui-même.
4. Il nous reste des alliés ____ les ressources sont immenses et ____ dominent les mers.
5. Cette guerre n'est pas une guerre ____ une bataille puisse décider.
6. Quel serait le destin d'une France ____ serait soumise à l'ennemi?
7. Tout ____ ____ peut être réuni doit être organisé, partout ____ il y en a.
8. Je m'occupe des causes ____ la produisent.
9. La culpabilité est plus grande là ____ il y a initiative personnelle.
10. Pourquoi invectiver des hommes _____ leur état interdit de répondre.
11. Ceux ____ naissent en Amérique sont américains.
12. C'est aux Européens à faire face à la situation dans _____ ils vont se trouver.

11 L'inversion

Exercice 1. Relevez des exemples d'inversion dans les textes suivants.
La querelle de la nationalité (chapitre 19, exercice 5)
Expertises : l'obsession du vrai (chapitre 20, exercice 1)

Exercice 2. Traduisez les phrases suivantes avec les inversions nécessaires. (Rédigez les questions sans utiliser *est-ce que*.)

1. Are the insects reproducing fast?

_____

2. Had they told us their new ideas, we would have understood them better.

_____

_____

3. When will the Prime Minister choose his cabinet?

_____

4. At least the architects will make use of new concepts in their design.

_____

_____

5. We had hardly taken ten steps when thunder struck.

_____

6. The articles whose summaries we read were not very useful.

_____

7. Perhaps this child will answer my questions.

_____

----

8.   The laws whose authors are no longer in office
are still in force.

----

9.   No sooner had they sent their application than
it was rejected.

----

10. Perhaps you will be confused for the first few
days, but in the end it will all work out for the
best.

Exercice 3. Relevez les constructions elliptiques
dans le texte *La querelle de la nationalité* (chapitre
19, exercice 5) et dans le texte *Les esclaves de la
parole,* (chapitre 20, exercice 3). Refaites les
phrases en rétablissant les mots supprimés.

12 Exercices de récapitulation sur les prépositions

Traduisez les phrases suivantes en faisant
particulièrement attention aux expressions sou-
lignées.

1.   Only one in four finished in thirty minutes.

----

2.   By next week, they will all be through.

----

3.   Both employees arrived at the same time.

----

4.   I stayed at my brother's for a whole week, in
fact, I didn't want to leave.

---

5. "I'd like to speak with Mrs. Smith." "What about?" "It's about a house for rent."

---

6. He treated me as a friend, even though I'd only known him for a short time.

---

7. At this point, my parents are still on vacation.

---

8. Don't worry about me, I always travel by day. As a matter of fact, I'll be home about four.

---

9. As a rule, we take care of all the points at issue.

---

10. She left for France on the 5th. At that time, they were still waiting to hear from him.

---

11. By chance, he read a novel by Stendhal, which turned out to be, from his point of view, the best one he'd ever read.

---

12. "Is your day off in the middle of the week?"
"As a matter of fact, it is!" "Then, I invite you for
lunch." "Thank you very much for your kindness."

_____

_____

_____

13. These verbs must be in the subjunctive, and
these questions in quotes.

_____

_____

14. You may answer this in several ways, but in my
opinion, you should think of doing it in chronolo-
gical order.

_____

_____

_____

15. We shall begin by discussing the different ways
in which you can interpret this passage.

_____

_____

_____

13 Autres difficultés de traduction

Exercice 1. Traduisez soigneusement les phrases
suivantes.

1. Arrias always acts as if he knew everything.

_____

2. Because of a power failure, traffic was halted
for two hours.

_____

_____

_____

3. This is very easily understood.

_____

4. Both were given the same advantages.

_____

5. While her brother was born in the Soviet Union, she was born in South Africa.

_____

_____

6. Needless to say, he's the one I'm thinking about.

_____

_____

7. You may elect any one of these candidates.

_____

Exercice 2 Les faux-amis. Etudiez soigneusement les mots énumérés dans l'appendice 2 avant de traduire soigneusement les phrases suivantes :

1. We shall look at her file when we have a chance.

_____

_____

2. His book appeared shortly after it was advertized in the paper.

_____

_____

_____

3. Which school do you attend? What subjects do you study? Which course do you like best?

_____

_____

_____

4. In the future, you will have to apply much earlier to give a paper at a conference.

----

5. Some people claim that bachelors don't have the opportunity to experience deep relationships; do you agree?

----

6. The plot gives all the characters a chance to act at least two parts each.

----

7. The conductor complained, but the musicians eventually made the required changes.

----

8 The audience liked the performance, and the reviews of the concert were quite favorable.

----

9. My sister married a well-balanced young man, who has a good sense of humor; he is also very fastidious in his work.

----

10. Your style is too informal, and the same mistakes recur too often.

---

11. They have agreed to pay for this by install-
ments, this way they'll manage to keep their budget
balanced.

---

12. Do you think he has the ability to advise you
properly?

---

13. It was really disappointing to attend his last
lecture.

---

14. This is an affluent neighborhood, quite popular
with business people.

---

15. The process by which you achieved this result
was full of hazards, but you succeeded.

---

16. Actually, he never did join the party, for that
wasn't really consistent with his principles.

---

17. Though her language is rather vulgar, she
speaks with a lot of zest.

---

18. The next verse included many metaphorical phrases.

----

19. We met by chance, and eventually became close friends.

----

20. In this novel, the villain becomes the main character.

----

21. The author has the opportunity to use this device quite effectively.

----

22. She devoted many long years to their affair, but his deception caused her much grief.

----

23. I will support your application without reservation.

----

24 I apologize for not having introduced you formally to these people.

----

25. They did not fix this properly, as a result someone may get injured.

----

26. Would you please repeat the last sentence addressing this point?

----

27. It was actually a very informal party.

----

28. As a scholar, he gives very sensible advice.

----

29. These people are very formal, but I am confident that you will eventually come to know them and like them.

----

30. Control yourself! You only got your just deserts!

----

14 L'expression du temps

Exercice 1. Récrivez les deux derniers paragraphes du texte de Pierre Mendès France (exemple (1), 24.1) au discours indirect. Commencez par «Il a expliqué que...»

Exercice 2. Récrivez au discours indirect le ¶2 de l'exercice 5, chapitre 20 en commençant par «Les parents demandent...»

Exercice 3. Etudiez l'expression du temps dans *Les pèlerins du malheur*, exercice 2, chapitre 20.

Exercice 4. Mettez au passé composé l'exemple (7) du chapitre 23.

18 L'articulation du paragraphe

Exercice 1. Etudiez l'expression de l'opposition, de la restriction, et de la concession dans les textes de Buffon (chapitre 19, exercice 1) et de Maria Deraismes (chapitre 19, exercice 4).

APPENDICE 1 : Abréviations courantes

abr.	abréviation	inv.	inversion
abst.	abstrait	invar.	invariable
adj.	adjectif	iron.	ironique
adv.	adverbe	ital.	italien
all.	allemand	jur.	juridique
anal.	analogie	lang.	langue, language
anc.	ancien	lat.	latin
angl.	anglais	litt.	littéraire
ar.	arabe	loc.	locution
art.	article	loc. cit.	*loco citato*, à
attr.	attribut		l'endroit cité
aux.	auxiliaire	m./masc.	masculin
cf.	*confer*, comparez	n.	nom
comp.	comparatif,	nom.	nominal
	composé	norm.	normal
compl.	complément	obj.	objet
cond.	conditionnel	obsc.	obscur
conj.	conjonction	oppos.	opposition
conjug.	conjugaison	p.	page
constr.	construction	part.	participe
contr.	contraire	pas.	passé
coor.	coordonné,	pers.	personne
	coordination		personnel
cour.	courant	p.ex.	par exemple
déf.	défini	pl.	pluriel
dém.	démonstratif	p.q.p.	plus-que-
dér.	dérivé		parfait
dét.	déterminatif,	poét.	poétique
	déterminant	pol.	politique
dir.	direct	ponct.	ponctuation
dr.	droit	pop.	populaire
empr.	emprunt,	poss.	possessif
	emprunté	préf.	préfixe
esp.	espagnol	prép.	préposition
etc.	*et coetera*	prés.	présent
exc.	exception	pron.	pronom,
excl.	exclamatif		pronominal
exp.	expression	prop.	proposition
ext.	extension	prov.	proverbe,

fam.	familier		provençal
f./fém.	féminin	qual.	qualificatif
fig.	figuré,	qqch.	quelque chose
	figuratif	qqn.	quelqu'un
fr.	français	réf.	réfléchi
fréq.	fréquent	rel.	relatif
fut.	futur	rem.	remarque
gr.	grec	s.	siècle
hist.	historique,	s.-e.	sous-entendu
	histoire	sing.	singulier
ibid.	*ibidem* (au	subj.	subjonctif
	même endroit)	suj.	sujet
id.	*idem* (même)	subord.	subordonné
imparf.	imparfait	subst.	substantif
impér.	impératif	t.	tome
impers.	impersonnel	tech.	technique
ind.	indicatif	tél.	téléphone
indéf.	indéfini	tr.	transitif
indir.	indirect	v.	verbe
inf.	infinitif	var.	variante,
interj.	interjection		variation
intr.	intransitif	vol.	volume
introd.	introduction	vulg.	vulgaire

La liste suivante donne, par ordre alphabétique, les expressions anglaises apparentées au français et en dessous la ou les meilleures traductions en italique. Les faux-amis et leurs traductions sont donnés entre parenthèses.

ability
 la capacité, la faculté, le pouvoir
 (*l'habileté*, f. = skill)
achieve, achievement
 accomplir, réussir, la réussite
 (*achever* = to finish)
actual, actually
 réel, véritable, vraiment, réellement
 (*actuel* = present, current)
address someone
 s'adresser à quelqu'un
address something
 traiter de, concerner quelque chose
 (*adresser* = to send, to write an address)
advertize, advertisement
 annoncer, faire de la publicité, de la réclame, une annonce
 (*avertir* = to warn)
advice (n.), advise (v.)
 un conseil, conseiller
 (*un avis* = opinion, notice ; *aviser* = to notify)
affair (love)
 une liaison, une affaire de coeur, une aventure amoureuse
 (*une affaire* = bargain, business deal; *les affaires* = business, things)
affluent
 riche, aisé, nanti
 (*un affluent* = tributary)
agree, agreement
 être d'accord avec, s'accorder sur un accord
 (*agréer* = to accept, *un agrément* = pleasure)

apologize, apology
 s'excuser, une excuse
 (*une apologie* = defense, vindication)
appear, appearance
 paraître, la parution, (in print) *la publication*
 (*une apparence* = look, semblance)
apply, application
 faire une demande, postuler, la demande
 (*appliquer* = to apply, lay on)
appointment
 un rendez-vous
 (*les appointements* = salary)
attend
 *assister à (un cours, un spectacle) aller à
   l'université*
 (*attendre* = to wait)
audience
 une assistance, un auditoire, un public
 (*une audience* = hearing)
bachelor
 célibataire (*un* ou *une*)
 (*un bachelier* = bachelor of arts, science, etc.)
balance (v., n.)
 équilibrer, un équilibre
 (*une balance* = scales, *balancer* = to swing, waver,
   balance)
chance (v., n.)
 hasarder, risquer, le hasard
to have a chance to do...
 avoir l'occasion de faire
 (*la chance* = luck)
change (n.)
 le changement, la monnaie
 (*le change* = foreign exchange)
character (in a book)
 le personnage
 (*le caractère* = personality)
claim (v.)
 prétendre, revendiquer, exiger
claim (n.)
 la demande, la revendication
 (*clamer* = to cry out)
complain, complaint
 se plaindre, réclamer, une plainte, une réclamation
 (*la complainte* = lament, ballad)
conductor
 le chef d'orchestre, le contrôleur
 (*pour un véhicule : le conducteur* = driver)
confidence (= trust)
 la confiance

(*la confidence* = secret)
confident (adj.)
 confiant
 (*le confident* = confident)
consistent
 logique, conséquent
consistent with
 compatible avec
 (*consistant* = consisting of, stable)
control (v.)
  diriger, commander, avoir de l'autorité,
  maîtriser
control oneself
 se calmer, se maîtriser
 (*contrôler* = to check, inspect, supervise)
convenient
 commode, pratique
 (*convenant* = suitable, agreeing)
course, in the course of
 le cours, au cours de, dans le courant de, durant
 (*la course* = race)
deceive, deception
 tromper, la tromperie
 (*décevoir* = to disappoint, *la déception* =
   disappointment)
degree, to a degree
 le diplôme, le titre, jusqu'à un certain point,
 dans une certaine mesure
 (*le degré* = degree, grade, level)
deserts, (just...)
 le dû, ce qu'on a mérité, c'est bien fait
 (*le désert* = desert land)
deserve (v.)
 mériter
deserve credit for
 recevoir un hommage mérité, être digne de
 (*desservir* = to do disservice to, to stop at, to
   clear the table)
device
 le procédé, la technique
 (*le devis* = estimate, *la devise* = motto)
devise
 inventer, combiner
 (*deviser* = to chat)
devote
 consacrer, vouer
 (*dévot* = devout)
disappointing
 décevant
 (le verbe *désappointer* est rare)

effective
efficace, puissant, émouvant (figuré)
(*effectif* = actual (adj.), size, number (n.))
efficient
efficace
(*efficient* est utilisé seulement en philosophie)
emphasis
accent, insistance, mise en relief
(*emphase* = overemphasis, bombast)
err
se tromper
(*errer* = to wander)
eventually
par la suite, finalement, finir par + verbe
(*éventuellement* = possibly)
experience (v.)
ressentir, éprouver
(*une expérience* = experiment)
fastidious
délicat, méticuleux
(*fastidieux* = boring)
file (v.)
classer, ranger, déposer une plainte, limer
(*filer* = to spin, run away)
file (n.)
le dossier
(*la file* = line of people)
fix (v.)
réparer
(*fixer* = to affix, secure)
formal (a.)
cérémonieux, officiel, guindé, raide
(*formel* = strict, explicit)
formally
officiellement, formellement, solennellement
future (in the...)
à l'avenir
(*au futur* = in the future tense)
grief
la douleur, la peine, le chagrin
(*un grief* = grievance)
hazard
le risque
(*le hasard* = chance)
humor (n.)
l'humour (m.)
(*une humeur* = mood)
ignore
ne pas tenir compte de, ne pas faire attention à
(*ignorer* = not to know)

informal
simple, sans façons, sans cérémonie, familier
(*informel* = non representational)
injure
blesser, faire mal à
(*injurier* = to insult)
installment (financial)
acompte, tranche, versement
installment (publication)
livraison, tranche, feuilleton
(*installation* = settling, moving in)
introduce someone to...
présenter quelqu'un à quelqu'un
(*introduire* = to show in, bring in)
issue (n.)
point à discuter, sortie, numéro (publication)
(*une issue* = exit, outcome; *à l'issue de* = at the
end of)
lecture (v., n.)
*faire une conférence, sermonner, réprimander, une
conférence, une semonce* (= scolding)
(*la lecture* = reading)
malice
la malveillance, la méchanceté
(*la malice* = mischievousness)
manage
gérer, arriver à, réussir à, se tirer d'affaire
(*ménager* = to spare, go easy on)
marry
se marier avec, épouser
(*marier quelqu'un* = to join or give someone in
marriage)
medicine
le médicament (= medication)
(*la médecine* = science)
novel (n.)
un roman
(*une nouvelle* = a short story)
opportunity
une occasion
(*une opportunité* = expediency, opportuneness)
paper (n.)
*le papier (sur lequel on écrit), le journal, le
devoir, le rapport, le mémoire, la communication
(qu'on écrit)*
(*un papier* = newspaper article)
part (v.)
se quitter
(*partir* = to leave, to depart)

part (n.)
 une partie, un rôle (théâtre)
 (*une part* = a part of a whole)
party (n.)
 *un parti (politique), une fête, une réception, une
  surprise-partie*
 (*la partie de* = part of)
people (n.)
 on, les gens (indéfini), *les personnes* (avec
  indication numérique précise)
 (*un peuple* = a nation, a people ; *le peuple* = lowe₁
  classes)
phrase (n.)
 une expression, une locution, un groupe de mots
phrase (v.)
 exprimer, dire
 (*une phrase* = sentence)
place (n.), at my place
 un endroit, un lieu, un coin, chez moi
 (*une place* = seat, plaza, square)
plot (n.)
 une intrigue, une action (lit.),
 (*un complot* = a conspiracy)
plot (v.)
 comploter (lit.), *projeter* (fig.)
popular
 à la mode, en vogue, célèbre, accessible à tous
 (*populaire* = common, cheap, folk)
position
 le poste, la situation
 (*la position* = physical or geographic position)
process (n.)
 le processus, la démarche
 (*le procès* = trial)
proper
 convenable, approprié
 (*propre* = clean, own) (voir 8.2.3)
recur
 revenir, se répéter
 (*recourir à* = to have recourse to)
relate to
 *se rapporter, se relier, s'allier à, se comprendre
  s'entendre, communiquer*
 (*relater* = to tell, recount)
reservation
 une réserve
 (*réservation* à l'hôtel seulement)
rest (v.)
 se reposer, se détendre
 (*rester* = to remain)

rest (n.)
 le repos
 (*le reste* = remainder)
resume
 reprendre, recommencer
 (*résumer* = to sum up)
review (n.)
 une critique, un compte-rendu
 (*une revue* = a magazine, periodical)
romance (n.)
 une histoire d'amour, une idylle
 (*une romance* = a love song)
romance (adj.)
 roman (lang.)
Romanesque
 roman (architecture)
 (*romanesque* = romantic, in novels)
scholar
 un savant, un érudit, un chercheur
 (*scolaire* = of school)
sensible
 sensé, qui a du bon sens
 (*sensible* = sensitive)
sentence (n.)
 une phrase, une sentence (judiciaire seulement)
subject (n.)
 une matière, un domaine, une branche
 (*le sujet d'un verbe, être sujet à, le sujet de*)
succeed
 réussir, arriver
 (*succéder* = to follow)
support (v.)
 appuyer, soutenir, entretenir
 (*supporter* = to endure, to put up with)
sympathetic
 compatissant
 (*sympathique* = nice)
union
 syndicat (= labor union)
 (*l'union* = unity)
verse (n.)
 la poésie, la strophe d'un poème
 (*un vers* = a line of poetry)
vicious
 féroce, méchant, vicieux (un cercle...)
 (*vicieux* = depraved, faulty)
villain
 scélérat, bandit, traître
 (*vilain* (adj.) = nasty, bad; *un vilain* = a peasant)

visit (v.)
  visiter une ville, un monument ; rendre viste à,
    aller voir une personne
vulgar
  grossier, sordide, risqué
  (*vulgaire* = crude, low)
zest
  l'enthousiasme, l'élan, le piquant
  (*le zeste* = peel of a lemon, an orange)

APPENDICE 3 : Ouvrages de référence

Nous avons trouvé utiles les ouvrages suivants,
auxquels on pourra se référer :

Grammaires et exercices de langue :

Monique Callamand, *Grammaire vivante du français*
(Collection français langue étrangère) (Paris :
Larousse, 1987)
Jacqueline Ollivier, *Grammaire française* (New York :
Harcourt, Brace Jovanovich, 1978)
L. S. R. Byrne and E. L. Churchill, *A Comprehensive
French Grammar*, 3rd ed., revised by Glanville
Price, (Oxford and New York : Basil Blackwell,
1986)
Samuel N. Rosenberg et al., *Harper's Grammar of
French* (New York : Harper & Row, 1983)
Christian Abbadie, Bernadette Chovelon, Marie-Hélène
Morsel, *L'expression française écrite et orale :
.exercices pour étudiants étrangers de niveau
avancé*, 3e éd. (Grenoble : PUG, 1985)

Narrations, rédactions, comptes rendus et résumés de textes :

Robert Besson, *Guide pratique de rédaction*, 2e éd.
(Paris : André Casteilla, 1972).
Cécile Grabner et Michèle Hague, *Ecrire, pour quoi
faire?* (Paris : Didier, 1981).
Pol Gaillard et Claude Launay, *Le résumé de texte*
(Paris : Hatier, 1975)
Denis Baril et Jean Guillet, *Techniques de
l'expression écrite et orale*, tomes 1 et 2 (Paris :
Sirey, 1981).

Lettres :

M. Dany, J. Geliot, M.L. Parizet, *Le Français du
secrétariat commercial* (Paris : Hachette, 1984).

Georges Vivien, *Le parfait secrétaire* (Paris : Larousse, 1980).

Commentaires composés :

Pierre Brunel, Louis-Robert Plazolles et Philippe Sellier, *Le Commentaire composé*, tome 1 (Paris : Fernand Nathan, 1967).

Dissertations :

A. Chassang et Ch. Senninger, *La dissertation littéraire générale*, tomes 1 et 2 (Paris : Hachette, 1972).

Les ouvrages de Brunel et al., de Chassang et Senninger sont ceux que les universitaires français recommandent le plus volontiers aux étudiants français. Ils sont d'un niveau avancé.

Les petits manuels des collections *Profil Formation* (Hatier) et *Outils* (Hachette) peuvent aussi rendre service, en particulier :

Gérard Vigner, *Ecrire et convaincre* Collection Outils (Paris : Hachette, 1975).
Raymond Lichet, *Ecrire à tout le monde* Collection Outils (Paris : Hachette, 1979).
Marcel Boret et Jean Peyrot, *Le résumé de texte* Profil Formation (Paris : Chotard et Associés, 1969).
Paul Desalmand et Patrick Tort, *Du plan à la dissertation*, Profil Formation (Paris : Hatier, 1977).

Références bibliographiques (manuel américain) :

Walter S. Achtest et Joseph Gibaldi, *The MLA Style Manual* (New York : Modern Language Association of America, 1985).